Facetten des Antifeminismus

Alma Marta

Johanna Sigl, Katharina Kapitza, Karin Fischer

Facetten des Antifeminismus

Angriffe und Eingriffe in Wissenschaft und Gesellschaft

Beiträge aus „10 Minuten - die den Unterschied machen“

Reihe Aspekte

Alma Marta

Die Deutsche Bibliothek verzeichnet diese Publikation
in der Deutschen Nationalbibliografie.
Detaillierte bibliografische Daten sind im Internet abrufbar unter
http://dnb.d-nb.de

Besuchen Sie unsere Verlage im Internet:
www.alma-marta.de
www.marta-press.de

1. Auflage Juni 2021

Printed in Germany.
ISBN 978-3-948731-02-1

Inhalt

Teil B) Eingriffe: Thematische Bezüge in Natur und Kultur

Einleitung

Karin Fischer, Katharina Kapitza, Johanna Sigl

Die Ideologie des Antifeminismus unterläuft gesellschaftliche Veränderungsprozesse und Bestrebungen, die die Erhöhung der Teilhabechancen aller, unbesehen ihrer geschlechtlichen Verortungen und Identifikationen, zum Ziel haben. Dabei verbindet sich antifeministische Ideologie und antifeministisch motiviertes Handeln mit weiteren Vorstellungen von Ungleichwertigkeiten. Am Beispiel der Überschneidungen von Antisemitismus und Sexismus spricht Karin Stögner dabei von der „Intersektionalität von Ideologien" und zeigt auf, dass

> […] Antisemitismus eine Ideologie ist, die durchgängig von sexistischen, rassistischen und nationalistischen Momenten durchdrungen ist und gerade aus dieser Verschränkung ihre dauerhafte gesellschaftliche und individuelle Wirkmächtigkeit bezieht. (Stögner 2017: 26)

Die Verbindungslinien zwischen Antifeminismus und Antisemitismus sind dabei in den letzten Jahren wissenschaftlich gut nachgezeichnet und analysiert worden (vgl. stellvertretend AG Gender Killer 2005; Stöger 2014). Ihre menschenverachtende Dimension hat sich in den letzten Monaten und Jahren in mehreren Anschlägen, die vielen Menschen das Leben gekostet haben und für viele Überlebende und Hinterbliebene traumatische Einschnitte darstellen, manifestiert. Naomi Henkel-Gümbel, eine Überlebende des Terroranschlags in Halle im Oktober 2019 und Nebenklägerin im Prozess gegen den Attentäter, drückt es wie folgt aus:

> Wir sind heute hier, weil wir den Terror erlebt haben, der sich gegen vermeintlich "Andere" richtet – gegen Juden, gegen Frauen, Migranten, Muslime, People of Color und gegen all jene, die nicht in ein Weltbild passen, das von Hass dominiert wird.[1]

Vereinend für die ideologischen Ungleichwertigkeitskonstruktionen dient die gleichartig abwertende Darstellung von Weichheit und Schwäche, die sowohl Frauen wie auch Juden zugeschrieben wird. Während Sexismus in einige Definitionen von Rechtsextremismus schon seit längerem integriert ist (vgl. Sigl in diesem Band), wurde Antifeminismus erstmalig 2020 in der Leipziger Autoritarismus-Studie als eigenständiges Element in einer sozialpsychologischen Untersuchung zu rechtsextremen Einstellungsmustern erfasst (Höcker/Pickel/Decker 2020). Dabei konstatieren die Autoren, dass

> [d]er Schwerpunkt der bisherigen Antifeminismusforschung (...) auf der Akteursebene [liegt], sie fokussiert sich also bisher auf antifeministisch Handelnde und deren organisierte Strukturen, nicht aber auf antifeministische Einstellungen und Ressentiments. (ebd.: 250)

Für die von ihnen vorgenommene Untersuchung der antifeministischen Einstellungen und Ressentiments haben sie sich empirisch dem gesellschaftlichen Milieu der Mitte zugewandt. Ihre Ergebnisse zeigen anhand hoher Zustimmungswerte die gesellschaftliche Verbreitung antifeministischer Einstellungsmuster auf: Über ein Drittel der deutschen Bevölkerung stimmte mindestens einer antifeministischen Aussage zu (ebd.: 262)[2]. Anhand einer zweigeschlechtlichen

---

[1] Prozess Report Halle (2020): 21.07.2020 Redebeitrag der Nebenklägerin Naomi Henkel-Gümbel. [Link: https://www.halle-prozess-report.de/2020/07/25/21-07-2020-redebeitrag-der-nebenklaegerin-naomi-henkel-guembel/, 14.12.2020).

[2] Beispielsweise wurden Zustimmungen zu folgenden antifeministischen Aussagen abgefragt: „Frauen übertreiben ihre Schilderungen über sexualisierte Gewalt häufig, um Vorteile aus der Situation zu schlagen." oder „Durch den Feminismus werden die gesellschaftliche Harmonie und Ordnung gestört." (Höcker/Pickel/Decker 2020: 258).

Differenzierung zeigt sich dabei ein signifikanter Unterschied: Während der Wert bei Männern bei knapp 50% liegt (47,3%), sind es bei Frauen mit einer Zustimmung von 28,7% knapp 20% weniger (ebd.). Dies knüpft an Befunde der bisherigen Einstellungsforschung zu Rechtsextremismus an. Die Zustimmungswerte lassen insgesamt keine (zwei)geschlechtsspezifischen Unterschiede erkennen – einzig bei der Zustimmung zu Sexismus und der Gewaltakzeptanz weisen die Werte der weiblichen Befragten signifikant von denen der männlichen Befragten ab (vgl. Bitzan 2016).

Als Scharnier vereint Antifeminismus verschiedene gesellschaftliche Milieus wie politische Organisierungen (vgl. Lang/Peters 2018) und stellt mithin einen Bereich mit „vielfältigen ideologischen und emotionalen Bedeutungen, Schauplätze[n] und Handelnden" dar (Höcker/Pickel/Decker 2020: 256). Höcker, Pickel und Decker „betrachten Antifeminismus daher als Komplex mit teilweise sich ergänzenden und teilweise widersprüchlichen psychodynamischen und sozialen Aspekten" (ebd.). Auch das Autor*innenkollektiv FE.IN (2019) hebt die ideologische Begriffsbedeutung hervor und begreift

> Antifeminismus als Ideologie und ein zutiefst politisches Ressentiment, das tiefe historische Wurzeln hat und fest mit der Aufrechterhaltung patriarchaler Strukturen verknüpft ist. (FE.IN 2019: 22)

Antifeministische Anfeindungen, Infragestellungen und Angriffe zielen auch auf die Hochschullandschaft und dabei insbesondere auf die Geschlechter- und Diversitätsforschung sowie die institutionalisierte Gleichstellungsarbeit ab. Die Bundeskonferenz der Frauen- und Gleichstellungsbeauftragten an Hochschulen (bukof) sieht dies als Folge des „Erstarkens rechtspopulistischer und rechtsextremer Strömungen" und konstatiert

> neben rassistischen und antisemitischen Anfeindungen zunehmend auch (...) antifeministische (...) Vorfälle und Angriffe auf Gleichstellungsakteur*innen und Forscher*innen an Hochschulen (bukof 2019).[3]

Diese gehen laut Positionspapier der bukof sowohl auf die parteiungebundene organisierte Rechte wie auch konkret auf AfD-Mitglieder und -Verbände zurück (ebd.). Die Angriffe fokussieren sowohl die Struktur gleichstellungspolitischer Arbeit sowie entsprechender Maßnahmen zur geschlechtergerechten Personalentwicklung und Antidiskriminierung wie auch auf direkte und persönliche Angriffe auf Gleichstellungsakteur*innen wie Geschlechterforscher*innen. Als politisches Mittel der AfD sind es häufig Kleine Anfragen, mit denen auf Länderebene die Geschlechterforschung und die Gleichstellungsarbeit angegriffen werden und zugleich skandalisierend das Narrativ der Steuergeldverschwendung bedient wird (vgl. ebd.).

Antifeminismus wird jedoch nicht nur von außen in die Hochschulen getragen. Zustimmungen zu antifeministischen Positionen und Zugehörigkeiten zu antifeministischen Zusammenschlüssen finden sich auch innerhalb der Universitätslandschaft. In einer von der Konrad-Adenauer-Stiftung in Auftrag gegebenen Befragung mit dem Titel ‚Forschungsfreiheit an deutschen Universitäten' (Petersen 2020) äußerten sich 72% der über 1000 befragten Hochschullehrer*innen[4] zustimmend zu der Aussage, dass es an der Hochschule

---

[3] Katrin van Riesen, zentrale Gleichstellungsbeauftragte der Leuphana Universität, hat in ihrem Beitrag zu unserer Vorlesungsreihe diese Thematik vertieft. Eindrücklich hat sie aufgezeigt, wie sich die Arbeitskultur seit dem Einzug der AfD in die Landesparlamente sowie den Bundestag verändert hat und wie die AfD mit ihrem Agieren darum bestrebt ist, die Legitimität von gleichstellungspolitischer Arbeit und Geschlechterforschung anzugreifen. Bis Ende 2019 wurden dazu über 40 Kleine Anfragen an Bundes- und Landesregierungen allein zu dem Themenfeld Gender Mainstreaming und Gleichstellungsarbeit an Hochschulen sowie zur Geschlechterforschung gestellt (vgl. auch https://bibliothek.wzb.eu/pdf/2017/v17-102.pdf, 06.01.21).

[4] Auch wenn in der Studie nur von Hochschullehrern gesprochen wird, ist davon auszugehen, dass dies mit der Verwendung des generischen Maskulinums zu begründen ist und nicht mit einer Stichprobe rein aus männlichen Hochschullehrern.

„erlaubt" sein solle, „sich der gendergerechten Sprache (zu) verweigern" (ebd.). Der Aussage, es solle erlaubt sein, „Rassenforschung" zu betreiben, stimmten 22% der Befragten zu. Ohne kontextualisierende Einordnung muss hier davon ausgegangen werden, dass schon die Formulierung in der Erhebung auf eine zugrundeliegende rassistische Annahme verweist. 20% der Befragten stimmten der Forderung zu, es solle erlaubt sein, den Staat Israel abzulehnen (vgl. ebd.).

Eingebettet in eine Perspektive, die den gesellschaftlichen Zusammenhalt durch eine ‚Political Correctness' gefährdet sieht, erlangt dieses Stimmungsbild aus der Hochschule heraus größere Relevanz. Im Herbst 2020 ging der „Appell für freie Debattenräume" [5] online, der wiederum aus der Debatte um eine sogenannte Cancel Culture, die Künstler*innen aufgrund ihrer missliebigen Positionen Darstellungsräume und -orte versagen würde, hervorgegangen ist. Darüber hinaus werden aber auch „pauschal verbotene Demonstrationen" und „Seminare und Vorlesungen, die nicht stattfinden können, weil sie gestört werden" (Appell für freie Debattenräume) als Beispiele genannt, an denen sich erkennen ließe, dass „die Gesinnung" über „rationale Urteilsfähigkeit" siegen würde. Der Ursprung dessen wird innerhalb der Hochschule verortet: „Was an Universitäten und Bildungsstätten begann, ist in Kunst und Kultur, bei Kabarettisten und Leitartiklern angekommen" (ebd.). Nicht weniger als die „demokratischen Prozesse selbst" sehen die Initiatoren und Erstunterzeichner*innen bedroht. Unter ihnen befinden sich mit 45 Personen knapp ein Viertel Hochschulangehöriger, überwiegend Professor*innen.

Der ‚Appell für freie Debattenräume' formuliert weder explizit antifeministische Positionen noch andere gruppenbezogene menschenfeindliche Aussagen. Im Gegenteil: er positioniert sich explizit nicht und beruft sich stattdessen darauf, mit dem Appell die Demokratie gegen ihre Angriffe zu verteidigen (vgl. ebd.).

In der Auseinandersetzung mit dem ‚Appell für freie Debattenräume' stellen Autor*innen der Süddeutschen Zeitung fest, dieser

---

[5] Vgl. https://idw-europe.org

Aufruf verzerre eine lebendige Öffentlichkeit, „die sich gegen illiberale, antisemitische oder auch nur irreführende Positionen verwahrt, als Krisensymptom“ und „verlangt Toleranz auch für die Intoleranten“ (vgl. Bovermann/Stephan 2020).

Hochschule ist demzufolge nicht nur ein Ort, ihre Forschenden nicht nur Personen, die sich antifeministischen Angriffen ausgesetzt sehen und von ihnen bedroht werden. Hochschule ist auch ein Ort, der antifeministische Diskurse hervorbringt oder ihnen inhaltliche Bezugsrahmen bietet.

Mit diesem Sammelband möchten wir zu der Reihe an Veröffentlichungen beitragen, die sich kritisch mit den zunehmenden antifeministischen Angriffen rechtsideologischer Gruppierungen auf die Geschlechter- und Diversitätsforschung sowie die Gleichstellungsarbeit auseinandersetzen. Dabei nehmen wir Antifeminismus interdisziplinär in den Blick.

Die einzelnen Beiträge sind aus der Vortragsreihe ‚10 Minuten – die den Unterschied machen‘ hervorgegangen, bei der Mitglieder des Netzwerkes Geschlechter- und Diversitätsforschung der Leuphana Universität Lüneburg im Rahmen einer Mittagsvorlesung kurze, zehnminütige Einblicke in ihre Forschungskontexte geben, um diese einer interessierten Öffentlichkeit zugänglich zu machen[6]. Das im Sommer 2016 gegründete Netzwerk Geschlechter- und Diversitätsforschung ist ein fachliches, inter- und transdisziplinäres sowie wissenschafts- und hochschulpolitisches Netzwerk von Wissenschaftler*innen aus allen Fakultäten der Leuphana Universität Lüneburg mit dem Ziel, gender- und diversitybezogene Themen und Fragestellungen sichtbar zu machen und zu stärken.

Der Titel der in jedem Semester wiederkehrenden Kurzvortragsreihe ‚10 Minuten – die den Unterschied machen‘ weist darauf hin, dass es sich um disziplinenübergreifende, querliegende und nicht alltägliche Impulse handelt. Das kompakte Format soll als Anregung

---

[6] Hintergründiges zum Netzwerk Geschlechter- und Diversitätsforschung sowie seinen Mitgliedern unter *www.leuphana.de/gud*

zum Weiterdenken dienen, sich mit diesen unterschiedlichen Impulsen auseinanderzusetzen. Unter dem Titel ‚Antifeminismus? Antigenderismus? Anti – was …?' fand im Wintersemester 2019/20 erstmals eine thematische Fokussierung statt: Die aktuellen Angriffe auf die Geschlechter- und Diversitätsforschung sowie die Gleichstellungsarbeit haben die Herausgeber*innen dazu veranlasst, die Veranstaltungsreihe auf Angriffe und Eingriffe von rechts zu fokussieren. Die in diesem Sammelband veröffentlichten Beiträge haben ihren Ursprung in einem Vortrag im Rahmen der 10-Minuten-Reihe und stellen deren Verschriftlichung und Vertiefung dar.[7]

Die entstandenen Beiträge thematisieren Antifeminismus aus ihren jeweiligen disziplinären Perspektiven und vielfältigen Sichtweisen: Sie kommen aus der Sozialpädagogik, den Kulturwissenschaften, der Sozialpsychologie, der Philosophie, den Umweltwissenschaften, der Soziologie, der Sozialen Ökologie sowie den Politik- und Erziehungswissenschaften. In multidisziplinärer Perspektive nähern sich die Beiträge dem Themenfeld über zwei thematische Schwerpunkte:

Teil A) Angriffe: rechte Anfeindungen gegen die Geschlechter- und Diversitätsforschung und die Gleichstellungsarbeit.

Die Beiträge zu diesem Schwerpunkt beschäftigen sich mit aktuellen Debatten um Antifeminismus, Rechtsextremismus und Antigenderismus und legen einen besonderen Fokus auf diskursive Begriffsannäherungen. Dabei zeigen sie auf, in welcher Form sich Angriffe und Anfeindungen gegen Geschlechter- und Diversitätsforschung und Gleichstellungsarbeit äußern. Johanna Sigl nähert sich unter dem Titel ‚Zugriffe und Angriffe auf Feminismus durch die

[7] Nicht alle der mündlichen Beiträge in der Vortragsreihe haben Eingang in den Sammelband gefunden. Eine Gesamtübersicht ist im Anhang dargestellt. Wir danken (in Reihenfolge der Beiträge) Hannes Leuschner, Carolin Schuster, Kathrin van Riesen, Lina Bartsch und Hannah-Deborah Gramentz für ihre anregenden Kurzvorträge. Hannes Leuschner möchten wir an dieser Stelle im Besonderen danken, da er die Konzeptionierung der Vorlesungsreihe und auch die Redaktion der Beiträge über einen langen Zeitraum begleitet hat.

extreme Rechte. Zum Verhältnis von Antifeminismus und Rechtsextremismus' der Frage, inwiefern Bezüge zwischen rechtsextremen und antifeministischen Ideologie- und Argumentationsfiguren hergestellt werden können. In ihrem Beitrag ,Vorwürfe gegen geschlechtergerechte Sprache als „Sprachpolizei" oder „political correctness"' analysieren Caja Fischer und Steffi Hobuß, in welcher Form sich antifeministische Angriffe auf gendersensible Sprache äußern, um anschließend zu begründen, warum nicht jede*r alles sagen darf. Der anschließende Beitrag ,"Gender mich nicht!" – über das falsche Spiel von rechts außen' von Andreas Eylert-Schwarz und Mariza Leuchtmann nimmt den Flyer der Jungen Freiheit ,Gender mich nicht!' als ein Beispiel für Antigenderismus von rechts in den Blick, um die Vereinnahmung von fachspezifischen Begrifflichkeiten der Gender Studies durch rechtspopulistische Propaganda aufzuzeigen.

Teil B) Eingriffe: Thematische Bezüge in Natur und Kultur

Die Beiträge in diesem Schwerpunktbereich verdeutlichen, wie antifeministisches Gedankengut sowie Vereinnahmungen von rechts in beispielhafte Handlungsfelder in Natur und Kultur eindringen. Katharina Kapitza geht in ihrem Beitrag ,Projektionsfläche Neobiota: Antifeministische Denkfiguren in der Konstruktion ,fremder' Natur/en' der Frage nach, inwiefern – neben der Abwertung des ,Fremden' als strukturelle Parallele zu rassistischen Argumenten – auch antifeministische Argumentationsfiguren in ökologischen Konzepten und naturschutzfachlichen Debatten vorgefunden werden können. Unter dem Titel ,Antifeminismus als Bestandteil der Einflussnahme von rechten Akteur*innen im Umwelt- und Naturschutzbereich' diskutieren Daniela Gottschlich und Christine Katz die Ergebnisse einer Online-Befragung von Umweltverbänden. Sie arbeiten heraus, wie rechte Vereinnahmung von ökologischen Themenfeldern mit antifeministischen Positionen einhergehen und sich insbesondere in strukturschwachen, ländlichen Räumen verbreiten. Die ,Eingriffe in Kultur' werden zum einen im Beitrag ,Die ,gute

Mutter‘ zwischen neoliberaler Selbstoptimierung und Retraditionalisierung von rechts‘ von Ann-Kathrin Mader beispielhaft analysiert. Hierin stellt sie anhand der „doppelten Vergesellschaftung“ dar, inwiefern das Spannungsverhältnis für Frauen zwischen Karriere und traditioneller Mutterrolle von Seiten rechter Ideologien aufgeladen ist und genutzt wird. Julia Böcker setzt sich abschließend in ihrem Beitrag ‚Mutter, Vater, Sternenkind. Die Änderung des Personenstandsrechts für Fehlgeborene und ihre unvorhergesehenen Folgen‘ mit dem Verhältnis von Schwangerschaftsverlust und Antifeminismus auseinander und zeigt auf, wie die Gesetzesänderung des Personenstandsrechts zur Stärkung eines traditionellen Familienbildes und Geschlechterrollenverständnisses im Sinne antifeministischer Argumentationen beitragen kann.

Literatur

AG Gender-Killer (2005): Antisemitismus und Geschlecht: von „maskulinisierten Jüdinnen", „effeminierten Juden" und anderen Geschlechtsbildern. Münster.

Autor*innenkollektiv FE.IN (2019): Frauen*rechte und Frauen*hass. Antifeminismus und die Ethnisierung von Gewalt. Berlin.

Bitzan, Renate (2016): Geschlechterkonstruktionen und Geschlechterverhältnisse in der extremen Rechten. In: Virchow, Fabian/Langebach, Martin/Häusler, Alexander (Hrsg.): Handbuch Rechtsextremismus. Wiesbaden, 325-374.

Bovermann, Philipp/Stephan, Felix (2020): Toleranz für die Intoleranz?, Süddeutsche Zeitung, 06.09.2020, [Link: https://www.sueddeutsche.de/kultur/meinungsfreiheit-toleranz-fuer-die-intoleranz-1.5021011; 05.01.2021]

Bukof (2019): „Gemeinsam für eine geschlechtergerechte, vielfältige Wissenschaft: Antifeministischen Positionen entgegentreten." [Link: https://bukof.de/veroeffentlichung/positionspapier-gemeinsam-fuer-eine-geschlechtergerechte-vielfaeltige-wissenschaft-antifeministischen-positionen-entgegen%E2%80%90-treten/; 05.01.2021]

Höcker, Charlotte/Pickel, Gert/Decker, Oliver (2020): Antifeminismus – das Geschlecht im Autoritarismus? Die Messung von Antifeminismus und Sexismus in Deutschland auf der Einstellungsebene. In: Decker, Oliver/Brähler, Elmar (Hrsg.): Autoritäre Dynamiken. Alte Ressentiments – neue Radikalität. Leipzig, 249-282.

Intellectual Deep Web Europe: Appell für freie Debattenkultur [Link: https://idw-europe.org; 05.01.2021]

Lang, Juliane/Peters, Ulrich (Hrsg.) (2018): Antifeminismus in Bewegung. Aktuelle Debatte um Geschlecht und sexuelle Vielfalt. Hamburg.

Petersen, Thomas (2020): Forschungsfreiheit an deutschen Universitäten. Ergebnisse einer Umfrage unter Hochschullehrern. Institut für Demoskopie Allensbach, Berlin. [Link:

https://www.kas.de/documents/252038/7995358/Studie+des+ Instituts+für+Demoskopie+Allensbach+zur+Forschungsfreiheit+an+deutschen+Universitäten.pdf/01252a6a-38eb-a647-fb74-7d39b1890382?version=1.0&t=1581610619899; 05.01.2021]

Schroeder, Wolfgang/Weßels, Berhard/Neusser, Christian/Berzel, Alexander (2017): Parlamentarische Praxis der AfD in den Landesparlamenten. Berlin. [Link: https://bibliothek.wzb.eu/pdf/2017/v17-102.pdf; 05.01.2021]

Stögner, Karin (2017). „Intersektionalität von Ideologien. Antisemitismus, Sexismus und das Verhältnis von Gesellschaft und Natur“, *Psychologie & Gesellschaftskritik* 41 (2): 25-45.

Teil A) Angriffe: rechte Anfeindungen gegen Geschlechter- und Diversitätsforschung und Gleichstellungsarbeit

Zugriffe und Angriffe auf Feminismus durch die extreme Rechte. Zum Verhältnis von Antifeminismus und Rechtsextremismus

Johanna Sigl

In meinem Beitrag möchte ich der Frage nachgehen, in welchem Verhältnis Antifeminismus und Rechtsextremismus stehen. Anhand ausgewählter Beispiele rechtsextremen Terrors und bei expliziter Nennung entsprechenden Inhaltes zeige ich auf, welche Bezüge zwischen rechtsextremen und antifeministischen Ideologie- und Argumentationsfiguren sowie Organisationen und Handlungsweisen hergestellt werden können. Analysiert wird die Bezugnahme auf antifeministische Inhalte durch die extreme Rechte. Hinführen möchte ich damit zu dem Argument, dass Antifeminismus einen grundlegenden Bestandteil rechtsextremer Agitationen bildet, der einer weiteren analytischen Betrachtung bedarf.

1. Zur begrifflichen Einordnung von Rechtsextremismus[1] und Antifeminismus

Bei der Darlegung der verschiedenen Verständnisse und Definitionen von Rechtsextremismus muss die jeweilige Standortgebundenheit mitberücksichtigt werden, aus der heraus andere thematische Aspekte und auch Sichtweisen in den Vordergrund treten oder verdeckt werden. Rechtsextremismus kann als ein Containerbegriff gel-

---

[1] Ich beziehe mich hierbei auf den sozialwissenschaftlichen Rechtsextremismusbegriff, bei gleichzeitiger Ablehnung der behördlichen, extremismustheoretischen Begriffsverwendung (vgl. Rhein/Uhlig 2019).

ten unter dem, je nach Perspektive, unterschiedliche Begriffsverständnisse subsumiert werden können. Innerhalb der Sozialwissenschaft haben Decker und Brähler eine viel beachtete Begriffsdefinition vorgelegt:

> [...] ein Einstellungsmuster, dessen verbindendes Kennzeichen Ungleichwertigkeitsvorstellungen darstellen. Diese äußern sich im politischen Bereich in der Affinität zu diktatorischen Regierungsformen, chauvinistischen Einstellungen und einer Verharmlosung bzw. Rechtfertigung des Nationalsozialismus. Im sozialen Bereich sind sie gekennzeichnet durch antisemitische, fremdenfeindliche und sozialdarwinistische Einstellungen. (Decker/Brähler 2006: 21)[2]

Diese Definition wird erweitert, wenn neben dem Aspekt der Einstellungen ebenso die Aspekte der Verhaltensweisen und Aktionsformen in die Rechtsextremismusdefinition miteinbezogen werden (vgl. Jaschke 2001: 30). Die der Ideologie inhärente Gewaltakzeptanz drückt sich dabei auch auf der Verhaltensebene aus, die, neben der Einstellungsdimension die zweite wichtige Bezugsgröße für das Begriffsverständnis bildet. Die Forschung fokussiert in ihrer Ausrichtung überwiegend auf die Einstellungsdimension (vgl. Birsl 2011: 241). Als soziale Praxis ist die Verhaltensebene von Klärner und Kohlstruck in den Vordergrund gerückt worden. Die Autoren verweisen bei der Definition von Rechtsextremismus auch auf ihre Diskursabhängigkeit:

> Diese Befunde zur Begriffsgeschichte sprechen zunächst dafür, Rechtsextremismus auf zwei Ebenen zu beobachten, nämlich einmal als diskursive Konstruktion und zum anderen als soziale bzw. politische Praxis. Rechtsextremismus kann – ebenso wenig wie „Gewalt“ – naiv objektivistisch als

---

[2] ‚Fremdenfeindlichkeit' als normative Begriffsdefinition indes bedarf einer kritischen Betrachtung. Die Konstruktion dessen, was als *fremd* benannt wird, verweist auf eine Sprecher*innenposition, die sich selbst als *nicht benennenswert* klassifiziert und damit im Sinne des Otherings weiterhin versucht, ein homogenisierendes Gesellschaftsbild zu kreieren. Rassismus statt Fremdenfeindlichkeit ist eine geeignetere Benennung des gemeinten Verhältnisses.

> gleichsam feststehender Gegenstand verstanden werden. Was als Rechtsextremismus gilt, unterliegt gesellschaftlichen, politischen und wissenschaftlichen Diskursen und Kräfteverhältnissen. (Klärner/Kohlstruck 2006: 14)

Von einer Ideologie der Ungleichwertigkeit sprechen die Wissenschaftler*innen um den Bielefelder Soziologen Wilhelm Heitmeyer bei dem Syndrom der Gruppenbezogenen Menschenfeindlichkeit (kurz GMF) und erweitern damit eine enge Rechtsextremismusdefinitionen (vgl. Zick/Berghan/Mokros 2019).

Unter den dreizehn Einstellungselementen von GMF finden sich drei, die einen Bezug zu Antifeminismus aufweisen: Sexismus, Abwertung homosexueller Menschen sowie Abwertung von Trans*Menschen können als „Heterosexismus" (Zick/Küpper/Berghan 2019: 61) verstanden werden:

> Theoretisch wie empirisch hängen die Abwertung von Frauen, Homosexuellen und Trans*Menschen überzufällig zusammen und drücken die Abwehr von Gruppen aus, die traditionellen Geschlechterbildern und heterosexuellen Normen nicht entsprechen. (ebd.)

Über diese explizite Nennung antifeministischer Ideologiefragmente innerhalb der Definition des Syndroms Gruppenbezogener Menschenfeindlichkeit hinaus lässt sich nicht feststellen, dass antifeministische Bezüge in Definitionen von Rechtsextremismus hergestellt werden.

Zur Definition von Antifeminismus

Antifeminismus existiert, seit es Feminismus gibt. Im 19. Jahrhundert entwickelten sich weltweit Frauenbewegungen. Seit den 1880er Jahren begannen die Frauenrechtlerinnen sich als ‚Feministinnen' zu bezeichnen. Der Begriff ‚Antifeministen' wurde einer größeren Öffentlichkeit 1902 mit einer Aufsatzsammlung der Frauenrechtlerin Hedwig Dohm bekannt, die diese unter dem Titel ‚Die Antifeministen. Ein Buch der Verteidigung' veröffentlicht hatte (Dohm

2014/1902). So schrieb Hedwig Dohm also schon vor über einhundert Jahren davon, dass antifeministische Angriffe immer dann stärker werden, wenn Errungenschaften der Frauenbewegung greifbar werden: „Je dringender die Gefahr der Fraueninvasion in das Reich der Männer sich gestaltet, je geharnischter treten ihr die Bedrohten entgegen“ (Dohm 1902: 3).

Mit dem Begriff des Antifeminismus sollen Einstellungen und Verhaltensweisen bezeichnet werden, die sich gegen die Frauenbewegung respektive den Feminismus und dessen Errungenschaften richten. Nach Juliane Lang und Ulrich Peters sind unter Antifeminismus

> heterogene [...] Akteursgruppen [zu verstehen] die sich - in organisierter Form - in expliziter Gegnerschaft zu einem von ihnen als omnipotent beschriebenen Feminismus positionieren und/oder sich in Diskussionen um familien-, geschlechter- und sexualitätsbezogene Themen heteronormativ gegen die Auspluralisierung sexueller, geschlechtlicher und familialer Lebensformen und eine damit einhergehende Anerkennung derselben in ihrer Vielfalt stellen. (Lang/Peters 2018: 15)

Als daran anschließende „aktuelle Variante“ (Schmincke 2018: 29) kann der Antigenderismus verstanden werden, wenngleich von Seiten einer kritischen Begriffsanalyse angemerkt wird, dass der Begriff eine „von antifeministischen Akteuren selbst hervorgebrachte Eigenbezeichnung, also ein Kampf- und Feldbegriff“ (Fritzsche/Lang 2018: 341) sei. Die sich unter dem Label des Antigenderismus‘ verbergenden Agitationen richten sich insbesondere gegen die Errungenschaften des Gender Mainstreamings, welches eng mit der Frauenbewegung und ihrem Kampf um Gleichstellung verknüpft ist. Eine vermeintliche Gender-Ideologie gilt dabei als zentraler Kampfbegriff durch den alles, was mit Gender zu tun hat, diskreditiert werden soll (vgl. Schmincke 2018: 32): „Der neue Antifeminismus geht nicht mehr von einer generellen Minderwertigkeit von Frauen aus, aber er bekämpft vehement die Kritik und Infragestellung von Zweigeschlechtlichkeit" (ebd.: 33).

Antifeminismus muss demzufolge ebenso wie Rechtsextremismus sowohl in seiner Genese, als auch in seinen unterschiedlichen Facetten gedacht werden. Der Antifeminismus wendet sich als politische Akteursgruppe ebenso wie in seiner ideologischen Formierung gegen feministische Erfolge und agitiert für die Aufrechterhaltung heteronormativer Herrschaftsverhältnisse (vgl. Fritzsche/Lang 2018: 340):

> Als analytischer Strukturbegriff gedacht, verweist dieser [Begriff von Antifeminismus, J.S.] auf einen Begriff von Feminismus als logischen Bezugspunkt, der nicht identisch ist mit denen im Feld verwendeten politischen Begriffen und Eigenbezeichnungen, sondern sich über normative Kriterien definiert. Dementsprechend ist weder die pejorative Fremdbezeichnung noch die eigene Verortung als ›Antifeminist‹ oder ›Antifeministin‹ in der politischen Debatte ausschlaggebend für die analytische Beschreibung – sondern eine den Grundgedanken eines analytischen Feminismusbegriffs entgegenstehende Verortung im gesellschaftlichen und politischen Diskurs. (ebd.: 339)

An dieser kurzen begrifflichen Annäherung zeigt sich, dass Rechtsextremismus und Antifeminismus in definitorischer Perspektive als zwei voneinander unabhängige Begriffe funktionieren. Gleichwohl deuten sich Bezugnahmen und Überschneidungen da an, wo Sexismus und Homo- und Transfeindschaft Eingang in die Begriffsdefinition gefunden haben. Und auch da, wo Antifeminismus als herrschaftsstabilisierender Zusammenschluss und Ideologie begriffen wird, bietet sich eine Sicht auf mögliche Gemeinsamkeiten an.

2. Antifeministische Ideologiefragmente in rechtsterroristischen Taten und rechtsextremen Agitationen

> *Hello, my name is anon, and I think the holocaust never happened. Feminism is the cause of declining birth rates in the West, which acts as a scapegoat for mass immigration, and the root of all these problems is the Jew*[3]

Am 9. Oktober 2019, an Jom Kippur, dem höchsten jüdischen Feiertag, versuchte ein schwer bewaffneter Attentäter in Halle (Saale) in die Synagoge einzudringen, um möglichst viele der anwesenden Jüd*innen zu töten. Durch eine Helmkamera übertrug er seine Tat per Livestream ins Internet, das obige Zitat entstammt dem Transkript des Livestreams.

Aufgehalten worden ist er in dem Moment nicht von der Polizei, sondern von der massiven Tür der alten Synagoge. Jana L., eine Passantin, die ihn vor der Synagoge ansprach, erschoss er genauso kaltblütig, wie Kevin S., der sich in einem Dönerimbiss aufhielt, der von dem Täter anschließend gezielt aufgesucht wurde. Zwei weitere Menschen wurden auf seiner Flucht durch Waffengewalt von ihm verletzt. Erst als er einen Autounfall verursachte, konnte die Polizei ihn stoppen.

Dass der Täter aus antisemitischen Motiven tötete und sich einreiht in die, wenn auch von staatlicher und politischer Seite immer wieder kleingeredete, lange und zugleich wenig beachtete deutsche Geschichte des Rechtsterrorismus (vgl. Manthe 2020: 63), kann und will niemand bestreiten. Ein tiefsitzender Antikommunismus war das leitende Motiv der rechtsterroristischen Taten in den 1960ern, die Taten in den folgenden Jahrzehnten waren überwiegend von Antisemitismus und einer damit einhergehenden Verherrlichung des Nationalsozialismus motiviert (vgl. Manthe 2020; Virchow 2019). Der ‚Nationalsozialistische Untergrund', der in den 2000er Jahren

[3] Transkript des Videostreams durch Veronika Kracher (2019). Zitate von rechtsextremen Quellen sind kursiv gesetzt.

nachweislich neun Menschen aus rassistischen Motiven tötete, eine Polizistin erschoss und darüber hinaus mehrere Menschen bei Anschlägen und Überfällen zum Teil schwer verletzte, war von einem grundständigen Rassismus geleitet und angetrieben (vgl. Aust/Laabs 2014). Der Attentäter von Halle indes reiht sich ein in eine Reihe von Attentätern, die in ihrer Tatausführung auf den ersten Blick alleine handeln und sich teilweise stärker innerhalb digitaler denn analoger Lebenswelten radikalisiert haben.[4] Zu denken ist hierbei an den rechtsextremen Terroranschlag in Norwegen im Jahr 2011, der 77 meist jungen Menschen das Leben genommen hat. In dem Manifest, das durch den Täter veröffentlicht wurde, unterstreicht er seinen Frauenhass und plausibilisiert seine Tat damit in einer vernichtenden Logik. Oder auch an das OEZ-Attentat in München im Jahr 2016, welches nicht nur durch das gleiche Ausführungsdatum Parallelen mit dem Attentat in Norwegen aufweist und das bis heute in der öffentlichen Wahrnehmung nicht durchgehend als rechtsextremer Anschlag erinnert wird. Im Jahr 2019 tötete ein Rechtsterrorist in Christchurch bei einem Attentat auf zwei Moscheen 51 Menschen. Neben dem tatbestimmenden Hass auf den Islam und Muslim*innen werden bei mehreren der rechtsterroristischen Attentäter antifeministische Diskursfragmente sichtbar.

So referiert das, was der Attentäter von Halle in dem Zitat neben der unverhohlenen Leugnung der Shoah formuliert *(„Feminism is the cause of declining birth rates in the West, which acts as a scapegoat for mass immigration“),* auf die extrem rechte Erzählung des ‚Großen Austauschs‘, wie sie von Renaud Camus, einem französischen Rechtsextremen, geprägt wurde (vgl. Camus 2016) und sich in verschiedensten extrem rechten Kontexten multipliziert hat. Als ideologische Konstruktion beruht der ‚Große Austausch‘ auf der Annahme, dass die westliche *weiße* Bevölkerung durch eine massenhafte und unkontrollierbare Migration muslimisch gelesener Menschen in Auflösung begriffen sei. In dieser Diskursfigur finden

[4] Diese Anmerkung schließt nicht ein, auch die Tatausführung zu virtualisieren, wie es zuweilen durch die Analyse der Attentate als Gamification des Terrors geschieht (kritisch dazu Puls 2020).

weit verbreitete rassistische Metaphern wie beispielweise die des ‚Flüchtlingsstroms' einen beachtlichen Resonanzraum. Innerhalb der „Verschwörungsideologie des Bevölkerungsaustauschs" (Séville 2019: 36) gelten „Gebärunwillige sowie allgemein emanzipierte Frauen und Feministinnen [...] als Totengräberinnen westlicher Zivilisation" (ebd.: 35). Für diesen, dem rassistischen Konstrukt folgenden ‚Genozid an den *Weißen*' wird dem Feminismus und seinen Träger*innen die ursächliche Schuld zugeschrieben. Denn der Feminismus wird, wie es auch der Attentäter von Halle formuliert, dafür verantwortlich gemacht, dass *weiße* westliche Frauen immer weniger Kinder bekämen. Eine antisemitische Verknüpfung erfolgt in dem Zitat dadurch, dass eine ‚jüdische Weltverschwörung' den dazugehörigen feministischen Überbau bilden würde.

Die sich hier vereinenden Themen belaufen sich neben und in Verbindung mit dem oben genannten Narrativ des ‚Großen Austauschs' auf Sexualität, Familie und Ehe, Reproduktive Rechte, Elternrechte vs. Verantwortung des Staates, Geschlechterrollen und Geschlechtlichkeit, sowie die Darstellung des Feminismus als Machtmittel der Eliten und von Gender-Mainstreaming als ‚Sprache einer lauten Minderheit'. Gender wird als ein Bedrohungsszenario (vgl. Roßhart 2007) imaginiert, das der angestrebten Naturalisierung von Geschlecht und von Familie diametral entgegenstünde.
Anhand der diskursiven Verknüpfung von Antifeminismus mit Migrationsfragen (vgl. Dietze 2017) lässt sich eine weitere zentrale Verbindung ziehen. So setzte Alice Weidel, die gegenwärtige Co-Vorsitzende der AfD, im Sommer 2017, am Tag der Abstimmung im Bundestag über die Ehe für alle folgendes Statement über ihre social media-Kanäle ab:

> Ehe für alle, während das Land islamisiert wird? Als ob es das derzeit drängendste Problem Deutschlands wäre, peitscht die GroKo nun die ‚Ehe für alle' durch, während die Massenmigration der vergangenen zwei Jahre gerade die ins Land spülte, für die Homosexualität ein Verbrechen darstellt. (Weidel 2017)

Die rechtliche Gleichstellung homosexueller Partnerschaften wird hier als ein von der Politik zu vernachlässigender Tatbestand konstruiert und im Subtext als Privatsache eingeordnet. Die Instrumentalisierung des Themas erfolgt allerdings direkt postwendend, indem nicht nur die Migrationsbewegungen als solche und der damit von rechter Seite imaginierte ‚Große Austausch` als Bedrohungsszenario geschildert werden, sondern dieser zugleich als besondere Bedrohung für homosexuelle Menschen dargelegt wird. Eine besondere Schwere dieser Anklage erreicht Alice Weidel durch ihr eigenes Leben in einer gleichgeschlechtlichen Partnerschaft, die sie in ihrer Positionierung instrumentalisiert.

Anknüpfend daran stehen die Morde an Frauen durch Täter nicht-deutscher Herkunft im Fokus rechtsextremer Agitationen. Hier lässt sich eine Ethnisierung von Gewalt und Sexismus beobachten die dazu dient, die eigenen rassistischen Narrative zu stärken und gleichzeitig von der geschlechtsspezifischen Gewalt, die von herkunftsdeutschen Männern ausgeübt wird, abzulenken. Die Demonstrationen in Form des ‚Frauenmarsches', die nach dem Mord an einer jungen Frau in Kandel (Rheinland-Pfalz) federführend von AFD-Politiker*innen organisiert wurden (AK FE.IN 2019), benennen bereits in ihren Demonstrationsaufrufen und in den Redebeiträgen vor Ort den Feminismus als ursächlich für die so wahrgenommene *„Masseneinwanderung muslimischer Männer"*, und damit als verantwortlich an den instrumentalisierten Morden. Die Teilnehmenden setzten sich aus AFD- Politiker*innen und dem dazugehörigen Spektrum der ‚Besorgten Bürger' zusammen. Ein häufiger Redner bei den Demonstrationen in Kandel ist Imad Karim. Der bekannte Journalist ist als Deutscher mit libanesischer Migrationsgeschichte in rechten Kreisen ein gern gesehener Islamkritiker, der mit dem schwer greifbaren Kriterium der Authentizität punkten kann. In seiner Rede am 28. Januar 2018 greift er die Argumentation auf, der zufolge die feministischen Frauen selbst schuld an den Morden wären. Dabei bezieht er sich direkt auf die junge Frau, die in Kandel ermordet wurde:

> *Wenn wir ehrlich sind, wenn M. [Abkürzung J.S.], wenn dieses furchtbare Verbrechen nicht M. getroffen hätte, sondern ein anderes Mädchen, dann wäre M. heute drüben (zeigt in die Richtung der anwesenden Gegendemonstrant*innen) gewesen. Aber wenn M. aus dem Reich der Toten kommen würde, dann würde sie heute hier stehen. [Applaus und hörbare Zustimmung der Kundgebungsteilnehmenden] (Video Imad Karim 2018)*

Der zynische Kern dieser Aussage ist, dass Mädchen und Frauen, die sich wie die Ermordete für eine offene Gesellschaft einsetzen, erst im Tod erkennen würden, dass ihre politische Positionierung und ihr Engagement falsch waren. Diese misogyne Schlussfolgerung wird nicht nur von Karim vertreten, sondern sie ist ein innerhalb der (neu-)rechten Zusammenhänge häufig anzutreffendes Argumentationsmuster (vgl. Sigl 2018).

Auch in einem Mobilisierungsvideo der Identitären Bewegung zu ihrer Kampagne ‚120 Dezibel' formulieren es die Aktivistinnen direkt: *„Ihr habt uns geopfert. Ihr predigt Feminismus und Frauenrechte, dabei seid ihr die wahren Frauenfeinde"* so sprechen sie in die Kamera (Video ‚Frauen wehrt euch!'). Gesellschaftliche Bedrohungen werden damit nach außen projiziert: „auf den ‚Anderen' als Täter und auf ‚den Feminismus' als zentrales Gesellschaftsproblem" (AK FE.IN 2019: 185). An all diesen Beispielen zeigt sich nicht nur eine organisationale Überschneidung unterschiedlichster rechter Akteur*innen, sondern vor allem die inhaltliche Bezugnahme auf antifeministische Ideologiefragmente in rechtsextremer Agitation. Die ideologisch schon immer grundlegende Verbindung von Antifeminismus und Rechtsextremismus wird durch die dezidiert rechtsextremen Akteur*innen verschärft.

3. Fazit

Antifeminismus muss als beständiges Ideologiefragment eines rechtsextremen Weltbildes eingeordnet werden. Er trägt sich auf organisationaler Ebene autonom und kann eigenständig funktionieren. Dies zeigt sich beispielsweise in evangelikalen Kontexten, in denen es zuweilen nicht schwerfällt, Bezüge und Verbindungen in rechtsextreme Kreise zu ziehen (vgl. dazu Achtelik/Jentsch/Sanders 2018 über die Lebensschutzbewegung).

Die anhand des Artikels aufgezeigten ideologischen, diskursiven und handlungspraktischen Verknüpfungen können verdeutlichen, dass sich Rechtsextremismus in sehr vielen seiner Erscheinungsformen zugleich antifeministisch darbietet und entscheidende Verbindungen übersehen werden, wenn dieser Aspekt in die Analyse nicht mit einbezogen wird.

Die extreme Rechte konstruiert nicht nur homogene ethnische und religiöse Gruppenidentitäten (vgl. Séville 2019: 36), sondern darüber hinaus auch eine homogene vergeschlechtlichte Gruppenidentität. Diese beruft sich auf die heteronormative Zweigeschlechtlichkeit, die den dort ausschließlich existierenden Männern und Frauen unterschiedliche gesellschaftliche Funktionen sowie Identitäten zuweist. Die langwährende rechtsextreme Perspektive auf das Geschlechterverhältnis, nach der „Männer und Frauen gleichwertig, aber nicht gleichartig“ (Bitzan 2016: 343) seien, wird damit aktualisiert und hat in keiner Weise an Bedeutung verloren. Geschlechtsidentitäten und -entwürfe, die sich außerhalb dieser Konstruktion verorten, werden als für die deutsche Volksgemeinschaft unnütz bis schädlich gebrandmarkt. Hier wird Antifeminismus mit Rechtsextremismus zu einer gemeinsamen Abwehr progressiver gesellschaftlicher Veränderungen.

Literatur

Achtelik, Kirsten/Jentsch, Ulli/Sanders, Eike (2018): Kulturkampf und Gewissen. Medizinethische Strategien der "Lebensschutz"-Bewegung. Berlin.

Aust, Stefan/Laabs, Dirk (2014): Heimatschutz. Der Staat und die Mordserie des NSU. München.

Autor*innenkollektiv FE.IN (2019): Frauen*rechte und Frauen*hass. Antifeminismus und die Ethnisierung von Gewalt. Berlin.

Birsl, Ursula (2011b): Rechtsextremistische Gewalt: Mädchen und junge Frauen als Täterinnen? Wissenschaftliche Erkenntnisse und offene Fragen. In: Dies. (Hrsg.):
Rechtsextremismus und Gender. Opladen & Farmington Hills, 241-264.

Bitzan, Renate (2016): Geschlechterkonstruktionen und Geschlechterverhältnisse in der extremen Rechten. In: Virchow/Langebach/Häusler (Hrsg.): Handbuch Rechtsextremismus. Wiesbaden, 325-374.

Camus, Renaud (2016): Revolte gegen den großen Austausch. Steigra.

Decker, Oliver/Brähler, Elmar (2006): Vom Rand zur Mitte. Rechtsextreme Einstellungen und ihre Einflussfaktoren in Deutschland. Berlin.

Dietze, Gabriele (2017): Sexualpolitik. Verflechtungen von Race und Gender. Frankfurt/New York.

Dohm, Hedwig (2014^3/1902): Die Antifeministen. Ein Buch der Verteidigung. Berlin.

Fritzsche, Christopher/Lang, Juliane (2018). „Backlash, neoreaktionäre Politiken oder Antifeminismus? Forschende Perspektiven auf aktuelle Debatten um Geschlecht“, *feministische studien*, 2/18: 335-346.

Jaschke, Hans-Gerd (2001): Rechtsextremismus und Fremdenfeindlichkeit. Begriffe, Positionen, Praxisfelder. Wiesbaden.

Klärner, Andreas/Kohlstruck, Michael (2006): Rechtsextremismus – Thema der Öffentlichkeit und Gegenstand der Forschung. In: Dies. (Hrsg.).: Moderner Rechtsextremismus in Deutschland. Hamburg, 7-41.

Kracher, Veronika (2019): Transkript des Videostreams des Attentäters von Halle. [Link: https://www.facebook.com/verokracher/posts/cn-mord-antisemitismushello-my-name-is-anon-and-i-think-the-holo-caust-never-happ/408319736533689/; 15.04.2020].

Lang, Juliane/Peters, Ulrich (2018): Antifeminismus in Deutschland. Einführung und Einordnung des Phänomens In: Dies. (Hrsg.): Antifeminismus in Bewegung. Aktuelle Debatten um Geschlecht und sexuelle Vielfalt. Hamburg, 13-35.

Manthe, Barbara (2020). „Rechtsterroristische Gewalt in den 1970er Jahren", *Vierteljahreszeitschrift für Zeitgeschichte* 1/2020: 63-93.

Puls, Hendrik (2020): Gamification des Terrors. NFG020 Working Paper #3. [Link: http://www.nfg-rexdel.de/images/Working_Paper_3.pdf; 15.04.2020].

Rhein, Katharina/Uhlig, Tom David (Hrsg.) (2019): Extrem unbrauchbar. Über Gleichsetzungen von links und rechts. Berlin.

Roßhart, Julia (2007): Bedrohungsszenario Gender. Gesellschaftliches Geschlechterwissen und Antifeminismus in der Medienberichterstattung zum Gender Mainstreaming. Magistraarbeit zur Erlangung des akademischen Grades einer Magistra Artium (M.A.) der Sozial- und Wirtschaftswissenschaften an der Wirtschafts- und Sozialwissenschaftlichen Fakultät der Universität Potsdam. [Link: https://publishup.uni-potsdam.de/opus4-ubp/frontdoor/deliver/index/docId/1673/file/rosshart_magister.pdf ;15.04.2020].

Schmincke, Imke (2018). „Frauenfeindlich, sexistisch, antifeministisch? Begriffe und Phänomene bis zum aktuellen Antigenderismus", *APuZ* (68)17/2018: 28-33.

Séville, Astrid (2019). „Vom Sagbaren zum Machbaren? Rechtspopulistische Sprache und Gewalt", *APuZ* (69) 49-50/2019: 33-38.

Sigl, Johanna (2018): Identitäre Zweigeschlechtlichkeit. Über männliche Inszenierungen und Geschlechterkonstruktionen bei den Identitären. In: Speit, Andreas (Hrsg.): Das Netzwerk der Identitären. Berlin, 160-172.

Virchow, Fabian (2019). „Zur Geschichte des Rechtsterrorismus in Deutschland", *APuZ* (69)49-50/2019: 15-19.

Weidel, Alice (2017): „Ehe für alle, während dieses Land islamisiert wird?“ Facebookeintrag am 27.06.2017 [Link: https://www.facebook.com/aliceweidel/posts/1593818500629 379/; 15.04.2020].

Video „Frauen wehrt euch! 120 Dezibel #120db [Link: https://www.youtube.com/watch?v=FSXphiFknyQ; 15.04.2020].

Video „28.01.2018 Imad Karim als Redner beim ‚Frauenmarsch in Kandel, Journalist und Islamkritiker bei der Demo von Frauenbündnis Kandel“ [Link: https://www.youtube.com/watch?v= 2Y2FbQidwDo; 15.04.2020].

Zick, Andreas/Berghan, Wilhelm/Mokros, Nico (2019): Gruppenbezogene Menschenfeindlichkeit in Deutschland 2002-2018/19. In: Zick, Andreas/Küpper, Beate/Berghan, Wilhelm (Hrsg.): Verlorene Mitte, feindselige Zustände. Rechtsextreme Einstellungen in Deutschland 2018/19. Bonn, 53-116.

Zick, Andreas/Küpper, Beate/Berghan, Wilhelm (Hrsg.) (2019): Verlorene Mitte, feindselige Zustände. Rechtsextreme Einstellungen in Deutschland 2018/19. Bonn.

Geschlechtergerechte Sprache als ‘Sprachpolizei’ oder ‚Political Correctness‘?

Caja Fischer und Steffi Hobuß

1. Angriffe auf geschlechtergerechte Sprache

Nachdem sich der erste Aufsatz in diesem Band mit *Be*griffen auseinandergesetzt hat, geht es in diesem Beitrag um *An*griffe, nämlich um Angriffe in Form von Anfeindungen gegen die Geschlechter- und Diversitätsforschung und die Gleichstellungsarbeit. Im Folgenden beschäftigen wir uns mit dem Bemühen[1] darum, eine geschlechtergerechte Sprache als selbstverständlich umzusetzen. Genauer ist es uns nicht darum zu tun, warum oder auf welche unterschiedlichen Weisen dieses Ziel verfolgt werden kann, sondern grundsätzlich um *Angriffe* gegen das Bemühen, und auch hier wiederum um einen besonderen Typus von Angriffen.

Immer noch kommt es vor, dass unterschiedliche Formen des Genderns in schriftlicher wie in mündlicher Sprache als Einschränkungen der Lesbarkeit, der Verständlichkeit oder der Einfachheit der Sprache aufgefasst und von daher kritisiert werden. Oft wird sich über bestimmte sprachliche Formen wie das Gendersternchen in entwertender Weise lustig gemacht. Auch darüber wäre es wert, eingehender nachzudenken, aber uns geht es hier um solche Fälle, bei denen von ‚Sprachpolizei‘ oder ‚Political Correctness‘ die Rede ist, um

[1] Wir gehen davon aus, dass es unter den gegebenen gesellschaftlichen Bedingungen mit strukturellem Rassismus und Sexismus letztlich unmöglich ist, eine garantiert nicht-diskriminierende Sprachpraxis herzustellen und dass es sich um einen andauernden Prozess handelt, daher sprechen wir gelegentlich vom „Bemühen“ darum; vgl. unten Abschnitt 3.

auszudrücken, dass sich jemand in seiner[2] sprachlichen Freiheit bevormundet oder eingeschränkt weiß. Typischerweise wird dann z. B. gesagt ‚Man darf ja gar nichts mehr sagen' oder ‚Was darf ich überhaupt noch äußern?'. Unser Text zielt auf eine exemplarische Bestandsaufnahme der aktuellen Diskussionen ab. Der Verwendung der Wörter ‚Sprachpolizei' und ‚Political Correctness' als Vorwürfe möchten wir nachgehen und am Ende begründen, inwiefern tatsächlich nicht jede*r alles sagen darf.

Im Kontext von Antifeminismus können Angriffe auf das Bemühen um gerechtere Sprache als ein wichtiger Bestandteil eines ‚Kulturkampfes' verstanden werden, in dem es darum geht, die Deutungen und Diskurse zu beherrschen (vgl. AK Fe.In 2019: 40). Die antifeministischen Angriffe versuchen hierbei nicht nur gegen Begriffe wie Gender Mainstreaming oder geschlechtergerechte Sprache zu argumentieren, sondern ihre Bedeutung zu verschieben und sie somit als illegitim, demokratiefeindlich und ideologisch darzustellen. Bei einer genaueren Betrachtung der Angriffe zeigt sich, dass der Kampf um Deutungs- und Diskurshoheit eng mit dem Kampf um Ressourcen verbunden ist. Dies wird besonders deutlich, wenn es um die Diffamierung und Forderungen nach der Abschaffung der Gender Studies geht (vgl. ebd.: 21).[3]

Die feministischen Bemühungen um eine Sprache, die alle einschließt ohne zu verletzen, werden von ihren Gegner*innen auch als „Unterwerfungsgeste" (Diringer 2020: 11) bezeichnet. Der Begriff der Unterwerfung wird dann als Gegensatz zu Freiheit verstanden:

---

[2] Wir verwenden hier absichtlich das generische Maskulinum, da es sich häufiger, aber nicht immer, um als männlich gelesene Menschen handelt. In den meisten Fällen geht es bei geschlechtergerechter Sprache freilich darum, die Verwendung des generischen Maskulinums als diskriminierend zu kritisieren.

[3] In Ungarn wurde diese Forderung sogar umgesetzt. So wurde 2018 unter der rechtsnationalen Regierung Victor Orbans die Geschlechterforschung als Masterstudiengang abgeschafft. Zwei Jahre später folgte die massive Einschränkung der Rechte von trans* und intersexuellen Menschen.

> Meinungsfreiheit heißt dementsprechend in antifeministischen Kreisen, sich die Freiheit zu nehmen, andere diskriminieren zu können und auch zu dürfen. (AK Fe.In 2019: 43)

Angriffe auf geschlechtergerechte Sprache sind damit auch als eine Reaktion auf das Unbehagen lesbar, das in Bezug auf einen möglichen „Privilegienverlust" entsteht (vgl. AK Fe.In 2019: 42).[4] Laut Autor*innenkollektiv ‚Feministische Intervention' verfolgt die Diffamierung des Bemühens um geschlechtergerechte Sprache als ‚Political Correctness' die folgenden Ziele: politische Legitimation der eigenen antifeministischen Position; Sexismus und Rassismus als legitime Positionen darzustellen, die in einer Demokratie Platz haben müssten; entsprechend Stimmungsmache gegen eine imaginierte ‚linke Meinungsdiktatur', um feministische Ziele als nicht nachvollziehbar darzustellen; das vorhandene, durch einen möglichen Privilegienverlust entstehende Unbehagen zu legitimieren und zu pflegen (vgl. ebd. 41f.). Hier liegt eine Schuldumkehr vor: Antifeminist*innen inszenieren sich als Opfer vermeintlicher Sprechverbote und als ihrerseits „diskriminierte Minderheit, die ihre Meinung nicht zum Ausdruck bringen dürfe" (ebd.: 42).

2. Der Ausdruck ‚Sprachpolizei'

2018 ging der Ausdruck 'Sprachpolizei' durch die Medien, als sich der deutsche Innenminister Horst Seehofer (CSU) von einer *Sprachpolizei* verfolgt wähnte und sich dabei dieses Begriffes bediente, der eher „zum Jargon von Internettrollen gehört" (Heine 2018: o. S.), wie Matthias Heine in der *WELT* schrieb. Seehofer hatte das Wort

---

[4] Die Kritik an geschlechtergerechter Sprache kommt freilich nicht immer nur von rechter oder antifeministischer Seite. So meint die Gesellschaft für deutsche Sprache (GfdS), dass das Gendersternchen „nicht mit den amtlichen Regeln der deutschen Rechtschreibung" (ZEIT Online 2020: o. S.) vereinbar sei, oder es wird das Argument der schlechteren Lesbarkeit angeführt. Die Motive dieser Argumentationen können in diesem Beitrag nicht behandelt werden.

nicht im Zusammenhang mit geschlechtergerechter Sprache verwendet, sondern nachdem der Präsident des Bundesverfassungsgerichts, der Richter Andreas Voßkuhle, seine Wortwahl und die anderer CSU-Politiker kritisiert hatte. Voßkuhle kritisierte vor allem die Formulierung von der „Herrschaft des Unrechts" (ebd.) im Zusammenhang mit illegaler Migration, die Seehofer 2016 gebraucht hatte. Mit dieser Formulierung wecke Seehofer „Assoziationen zum NS-Unrechtsstaat" (ebd.), die völlig abwegig seien. Seehofer wies diese Kritik mit den Worten zurück:

> Die jüngste Kritik von Herrn Voßkuhle halte ich für unangemessen, weil der Präsident eines solchen Gerichts nicht Sprachpolizei sein sollte. (ebd.)

Im August 2020 sprach sich der Grünen-Politiker und Ministerpräsident von Baden-Württemberg Winfried Kretschmann gegen eine *Sprachpolizei* in Bezug auf geschlechtergerechte Sprache aus (vgl. Der Tagessspiegel 2020: o. S.). Er wandte sich gegen das Bemühen um geschlechtergerechte Sprache als ein „überspanntes Sprachgehabe" von „Sprachpolizisten" (ebd.).

Welche Geschichte hat der Ausdruck 'Sprachpolizei'? Das Wort *Sprachpolizei* kam Anfang des 20. Jahrhunderts im Rahmen der Aktivitäten des 'Allgemeinen deutschen Sprachvereins' auf, der jeden Fremdwortgebrauch bekämpfte und sich für Verdeutschungen stark machte.[5] Der Verein verwendete den Ausdruck 'Sprachpolizei' sogar zur leicht ironischen Selbstbezeichnung. Im *Grazer Tagblatt*, dessen Feuilleton den Sprachpuristen eine regelmäßige ‚Sprachecke' einräumte, erschien am 22. Oktober 1911 ein kleiner Artikel mit der Überschrift ‚Etwas von der Sprachpolizei'. Darin heißt es:

> Sprachpolizisten könnte man sie nennen, die unbequemen Mahner und Warner, nein, lieber Sprach-Schutzleute, denn sie wollen ja schützen – und die Muttersprache schützen gegen Gleichgültigkeit und Liederlichkeit, gegen Verrohung

[5] Rechtsnachfolgerin des Vereins ist die bis heute bestehende, 1947 in Lüneburg gegründete GfdS (vgl. Fußnote 1).

> und – Überfeinerung. Und sie mögen wohl nicht immer verstehen, sich beliebt zu machen, wie ja der staatlichen Polizei auch hier und da – mit Recht oder Unrecht – nachgesagt wird. (zit. nach Heine 2018: o. S.)

Nach 1930 wurde der Ausdruck für einige Jahrzehnte nicht mehr verwendet. Die Nationalsozialisten übten zwar faktisch eine Sprachzensur für die gleichgeschalteten Medien, aber mit den Zielen des ‚Allgemeinen deutschen Sprachvereins' stimmten sie nicht überein, da u.a. der Name ihrer Bewegung mit den Eindeutschungsabsichten unvereinbar war.

Erst seit den 2000er Jahren wird das Wort häufiger im Zusammenhang der geschlechtergerechten Sprache genannt. Josef Joffe berichtet in der *ZEIT* über den Harvard-Präsidenten Larry Summers, der Frauenquoten an Universitäten abgelehnt hatte: „Nachdem diverse Petitionen seinen Rücktritt gefordert hatten, beugte er sich der akademischen Sprachpolizei" (Joffe 2005: o. S.). In Internetforen und Social Media ist es mittlerweile ein gängiger Topos, dass Kritiker*innen des Bemühens um geschlechtergerechte Sprache behaupten, es gäbe eine Sprachpolizei, die die Meinungsfreiheit einschränke. Damit werfen sich die so Formulierenden in die Opferpose der verfolgten Regimegegner, wodurch aber eine Schuldumkehr betrieben wird: Mit geschlechtergerechter Sprache sollen ja sprachliche Diskriminierungen vermindert werden; wenn hier also von Opfern die Rede sein kann, stehen sie auf der anderen Seite, nämlich der von Sexismus Betroffenen und nicht dort, wo sich gefühlte Dissidenten als Gejagte einer Sprachpolizei inszenieren. Es geht hier also um das Behaupten von Sprechpositionen. Darauf werden wir weiter unten wieder zurückkommen.

3. Political Correctness

Eine weitere Form des antifeministischen Angriffs auf geschlechtergerechte Sprache ist die Umdeutung und Diffamierung des Begriffs

‘Political Correctness’. In Anbetracht der Angriffe scheint es angebracht, noch einmal deutlich zu erklären, wo der Begriff ‘Political Correctness’ herkommt und wofür er anfänglich genutzt wurde, um dann erst zu vergleichen, wie er heute gebraucht wird und welche Debatten sich in Bezug auf ‘Political Correctness’ entspinnen.

Welches war die anfängliche Bedeutung des Ausdrucks ‘Political Correctness’?

Der Duden bezeichnet ‘Political Correctness’ als

> Einstellung, die alle Ausdrucksweisen und Handlungen ablehnt, durch die jemand aufgrund seiner ethnischen Herkunft, seines Geschlechts, seiner Zugehörigkeit zu einer bestimmten sozialen Schicht, seiner körperlichen oder geistigen Behinderung oder sexuellen Neigung diskriminiert wird. (Duden online 2020)

Abgesehen davon, dass dieser Satz nicht gerade geschlechtergerecht formuliert ist, halten wir es auf der Grundlage dieser Definition durchaus für erstrebenswert, ‚politically correct‘ zu sprechen und verletzenden Sprachgebrauch aufgrund von Rassialisierung, Sexismus oder anderer Kategorien zu minimieren. Auch das feministische Autor*innenkollektiv Fe.In schreibt:

> Hinter dem inzwischen zum Kampfbegriff umgedeuteten Konzept der ‚Politicial correctness‘ verbirgt sich jedoch im Grunde genommen nichts Banaleres als das Anliegen, Menschen mögen Verhaltensweisen, Ausdrücke, Witze etc. vermeiden, die bewusst oder unbewusst darauf abzielen, andere Menschen abzuwerten, zu benachteiligen oder auch zu verletzen. (AK Fe.In 2019: 42)

Im gleichen Sinne äußerte sich Bundespräsident Steinmeier am 18.11.2019 bei der Eröffnung der Jahresversammlung der Hochschulrektorenkonferenz in Hamburg:

> Worum ging es eigentlich bei der politischen Korrektheit, die jetzt so heftig bekämpft wird? Bewusste oder unbewusste Diskriminierung von Einzelnen oder Gruppen sollte zum Beispiel durch angemesseneren Sprachgebrauch abgebaut werden. Die einfachen Gesetze von Höflichkeit und zivilem Umgang sollten gegenüber allen gelten, auch gegenüber denen, die, auf irgendeine Weise, anders sind als die Mehrheit. [...] Die gleiche Würde des Anderen auch in der Sprache, und damit im gesellschaftlichen Bewusstsein, anzuerkennen – darum ging es und darum geht es. [...] [D]ie politische Korrektheit [...] ist so sehr zum negativ besetzten Kampfbegriff geworden, dass die ursprünglich damit beabsichtigten Ziele mutwillig verschleiert werden. Wer politische Korrektheit nur noch als Karikatur darstellt und verächtlich macht, will vergessen lassen, dass viele sich hier mit besten Absichten und Erfolg der Diskriminierung von Minderheiten widersetzt haben. (Steinmeier 2019: o. S.)

Im Sinne eines solchen positiven Verständnisses verbreitete sich das Konzept der 'Political Correctness' in den 1980er Jahren ausgehend von Studierenden an US-amerikanischen Universitäten, bevor es in den 1990er Jahren über das Feuilleton auch den deutschen Sprachraum erreichte (vgl. Degele 2020: 19f.). So entwickelte sich 'Political Correctness' historisch von einem Begriff, der ein möglichst anerkennendes, diskriminierungsfreies Sprechen beschreibt, zu einem Begriff, der jetzt genutzt wird, um eine empfundene Bevormundung und Einmischung durch Politik zu beschreiben (vgl. ebd.: 14) und mit Zensur oder auch einer 'Sprachpolizei' assoziiert wird.

Wie kommt es dazu, dass sich die Konnotationen des Begriffs derart verändern?[6]

Auf semantischer Ebene beschreibt Nina Degele die Kombination der beiden Worte zunächst als möglicherweise irreführend, weil in sich widersprüchlich:

[6] Vergleiche dazu auch unten Abschnitt 4.

> *Politisch* impliziert Regierung und Einmischung, *korrekt* distanziert sich vom spontanen täglichen Miteinander und steht für eine Reglementierung durch andere.
> (Degele 2020: 14)

Um die veränderten Bedeutungszusammenhänge zu verstehen, ist es jedoch wichtig, auch abseits der semantischen Ebene zu verstehen, in welchem Kontext sich die Diskussionen um 'Political Correctness' bewegen und zu erkennen, dass es dabei um weit mehr als ‚nur' den Sprachgebrauch im engeren Sinne geht. Sie sind Teil von gesellschaftlichen Aushandlungsprozessen und Machtkämpfen, in denen es um Anerkennung und Repräsentation geht. Die Aushandlungen um die Sprache implizieren viel mehr als nur neue grammatikalische Regeln oder Schreibempfehlungen. So zeigen sich ein gesellschaftlicher Rechtsruck und die zunehmenden Wahlerfolge der AfD auch auf sprachlicher Ebene, indem Dinge wieder sagbar werden und Begriffe, die vormals als NS-Rhetorik galten, in politischen Debatten wieder gebraucht werden (vgl. Degele 2020: 18). Die Art, wie ‚Political Correctness' verhandelt wird, ist daher ein Indikator für die gesellschaftlichen Verhältnisse.

Dass der Begriff 'Political Correctness' gegenwärtig in der gesellschaftlichen Auffassung als negativ verortet wird, liegt daran, dass er immer wieder, vor allem von seinen Gegner*innen, thematisiert wird (vgl. ebd.: 17). Wie weiter oben beschrieben, spielt der Kampf gegen geschlechtergerechte Sprache und 'Political Correctness' eine wichtige Rolle für antifeministische und rechte Rhetoriken. Dies nimmt besonders absurde Züge an, wenn anlässlich der Corona-Krise der Verein Deutsche Sprache e.V. behauptet:

> In Deutschland werden Milliardenbeträge für den Genderunfug ausgegeben. Diese Gelder fehlen Krankenhäusern oder den naturwissenschaftlichen Uni-Fakultäten - zum Beispiel in der Virusforschung. (Debionne 2020)

Im Zuge der Corona-Krise zeigt sich hier in Bezug auf 'Political Correctness' besonders eindrücklich, dass Denken, Handeln, und

Sprechen miteinander verbunden sind, wie *Bagatellisierung und Diffamierung als Weisen des Angriffs genutzt wurden* und wie diese Angriffe auf 'Political Correctness' auch über sprachliches Handeln hinausgehen (vgl. Degele 2020: 175). Degele beschreibt zum Beispiel, wie auch die Maske zum Zeichen für 'Political Correctness' wird. So wird die Mund-Nasen-Bedeckung, ebenso wie Abstandsgebote, die dem eigenen sowie dem Schutz anderer dienen, als Zeichen der Unterwerfung umgedeutet und diffamiert (vgl. ebd.: 180; 190f.). Hier wird erneut deutlich, dass die Umdeutungen Angriffe auf ein anerkennendes und solidarisches Denken, Sprechen und Handeln sind und einen Widerstand gegen emanzipatorische Entwicklungen darstellen.

> Die Kritik an all solchen Maßnahmen und ihre Bagatellisierung läuft auf die 'Political Correctness'-Kritik hinaus, mit Vorschriften zu übertreiben, über das Ziel hinauszuschießen, aus einer Mücke einen Elefanten zu machen. (ebd.: 188)

In beiden Fällen wird deutlich, dass es sich nicht um Kritik, sondern um *Angriffe* (beispielsweise in Form von Verharmlosung oder Diffamierung) handelt. Es geht nicht darum, den Umgang mit der Pandemie zu kritisieren, sondern die Gefährlichkeit des Virus (insbesondere für bestimmte Bevölkerungsgruppen) wird grundsätzlich in Frage gestellt. Genau das Gleiche gilt entsprechend für 'Political Correctness'. Die Debatten bewegen sich nicht darum, andere mögliche Artikulationsformen zu finden, sondern es wird die grundsätzliche Erfordernis, bestimmte Menschengruppen anzuerkennen, indem sie benannt werden, in Frage gestellt. In beiden Fällen werden die Bemühungen um Solidarität und Fürsorge als naiv, lächerlich, unnötig oder gar Zwang, Zensur und Einschränkung der Meinungsfreiheit oder des Selbstbestimmungsrechts über den Körper dargestellt.

Deshalb betreffen die Debatten darum, was in welchem Kontext und von wem sagbar ist, Fragen, die nicht nur auf einer sprachlichen Ebene verhandelt werden, sondern auch auf unser Denken und Handeln hinweisen:

> Wir tun Dinge mit der Sprache, rufen mit der Sprache Effekte hervor, und wir tun der Sprache Dinge an; doch zugleich ist Sprache selbst etwas, was wir tun. Sprache ist ein Name für unser Tun, d.h. zugleich das, ‚was' wir tun (der Name für die Handlung, die wir typischerweise vollziehen), und das, was wir bewirken; also die Handlung und ihre Folgen. (Butler 2018: 19f.)

Wenn wir also über geschlechtergerechte Sprache diskutieren, geht es nicht um die einfachere Lesbarkeit von Texten und Moralisierung, sondern schlichtweg um die Frage, ob nicht nur unsere Sprache, sondern auch unser Denken und Handeln Menschen aller Geschlechter einschließt. Geschlechtergerechte Sprache zu verwenden ist selbstverständlich kein Garant für Diskriminierungsfreiheit. Wer aber öffentlich die Nutzung von geschlechtergerechter Sprache als ‚Unterwerfungsgeste' bezeichnet, verdeutlicht damit, dass auch in seinem Denken und Handeln Menschen, die nicht mit dem generischen Maskulinum bezeichnet werden, allerhöchstens ‚mitgemeint' sind.

Dabei ist auch zu beachten, dass es unter den gegebenen gesellschaftlichen Bedingungen mit strukturellem Rassismus und Sexismus letztlich unmöglich ist, diese Einstellung komplett in eine garantiert nichtdiskriminierende Sprachpraxis zu übersetzen. Alle sprachlichen Äußerungen, die auf Identitätskategorien Bezug nehmen, wiederholen und reproduzieren bestimmte solcher Identitätskategorien (vgl. Butler 2018 zur performativen Identitätskonstruktion). Wenn ich eine kritische Analyse bestimmter kultureller Praktiken oder Artefakte vornehme und dabei auf Geschlechterkategorien verweise, ist es sehr wahrscheinlich, dass ich solche Geschlechterkategorien verwenden muss, die ich eigentlich gerade schwächen möchte (vgl. Hennig u.a. 2011: 18f.; Hobuß 2011: 48f.) Daher ist geschlechtergerechte Sprache nie eine Ansage oder eine Vorschrift, der ein-für-allemal zu folgen wäre, sie bleibt ein Prozess, muss immer wieder neu reflektiert werden und ist *nie kontextunabhängig* zu bewerten. Das tun aber ihre Kritiker*innen gerne. Sie verorten Debatten um geschlechtergerechte Sprache isoliert auf einer linguistischen Ebene in der 'Political Correctness' als 'Sprachpolizei', die Sprechverbote durchsetzt und die Meinungsfreiheit einschränkt. Es wird nicht beachtet, dass es sich bei den Normen, die in Bezug auf 'Political Correctness' verhandelt werden, nicht um Rechts-, sondern um soziale Normen handelt (vgl. Degele 2020: 16). Dabei geht es darum, dass Normen, die gesellschaftlich und in unserem Denken und Handeln als wichtig erachtet werden – wie beispielsweise die Gleichberechtigung aller Geschlechter – auch sprachlich abgebildet werden (ebd.: 16f.). Denn vor dem Hintergrund, dass Sprache, Denken und Handeln miteinander verflochten sind, lässt sich die Aussage, man sei für die rechtliche Gleichstellung von Frauen und Männern und weiteren Geschlechtsidentitäten, während nur Männer sprachlich repräsentiert sind, zurückweisen.

Abschließend für diesen Abschnitt möchten wir noch einmal zusammenfassend darauf hinweisen, dass die Begriffe 'Political Correctness' und Sprachpolizei zwar oft als Angriffe auf Feminismus und insbesondere geschlechtergerechte Sprache verwendet werden, aber aus unterschiedlichen Kontexten entnommen sind. Der Begriff der Sprachpolizei beschreibt genau das, was auch die rechts-konservative Umdeutung von 'Political Correctness' meint: eine staatlich verordnete Regelung dessen, was auf welche Art und Weise zu sagen wäre und deren Missachtung bestraft werden könnte. Der Begriff ‚Sprachpolizei' verstärkt noch einmal die Bedeutung der rechten Wortnahme von ‚Political Correctness'. Beide Begriffe werden aus ihren historischen Kontexten entnommen. Während 'Political Correctness' als ein anfänglich emanzipatorischer, linker Begriff angegriffen und umgedeutet wird, entstammt der Begriff 'Sprachpolizei' einem nationalistischen Kontext, der dazu diente, die deutsche Sprache zu schützen und wird als solcher rehabilitiert.

4. Diskriminierende bzw. sexistische Äußerungen und Sprecher*innenpositionen

Wie oben gezeigt, wird der Begriff ‚Political Correctness' in diffamierender Absicht verwendet, oder es heißt, hier sei eine 'Sprachpolizei' am Werk. So wird das Bemühen um gerechtere Sprache mit Redeverboten gleichgesetzt, die grundsätzlich und kontextunabhängig der Wissenschaftsfreiheit und demokratischen Grundprinzipien zuwiderliefen.

Die Meinungsfreiheit ist zweifelsfrei ein hohes und schützenswertes Gut, wird aber durchaus in Deutschland durch andere Rechtsgrundsätze beschränkt: Wenn die Würde anderer Menschen angetastet wird, etwa durch schlimme Beleidigungen, findet die Meinungsfreiheit ihre Grenze. Und es ist bei Strafe verboten, den Holocaust zu leugnen. Daher gilt tatsächlich: Man darf nicht einfach alles sagen, was man vielleicht sagen will. Besonders wenn es um Hate Speech und diskriminierende Äußerungen geht, gibt es Grenzen dessen, was wir als sagbar zulassen wollen. Also stellt sich die Frage: Wer darf wann etwas gegen diskriminierende/sexistische Äußerungen sagen?

Da unsere Identität und unsere Subjektivität durch performative Wiederholungen bestimmter, auch sprachlicher Akte entstehen und wir von Prozessen der Anerkennung abhängig sind, sind wir prinzipiell verletzlich in unserer Persönlichkeit und unserer Subjektivität. Wie wir sprachlich adressiert werden, kann ganz materiell-körperliche Auswirkungen haben: Wenn wir beleidigt oder diskriminiert werden, kann das körperlich spürbar sein.

> So genügt es nicht, den entsprechenden Kontext für den fraglichen Sprechakt festzustellen, um seine Effekte einschätzen zu können. Die Sprechsituation ist keine bloße Spielart des Kontextes, der einfach durch sprachliche und zeitliche Grenzen zu definieren wäre. Durch das Sprechen verletzt zu werden bedeutet, daß man den Kontext verliert, also buchstäblich nicht weiß, wo man ist. (Butler 2018: 13)

Und in manchen Kontexten entscheidet die performative Adressierung und Subjektivierung von Menschen gar über ihr Überleben oder ihren Tod. Judith Butler weist darauf hin, dass die meisten Entscheidungen darüber, was wir als sagbar zulassen oder aber einschränken wollen, nicht gut ein für alle Mal und kontextübergreifend getroffen werden können. Weil performative Subjektivierung und Anrufung immer von Kontexten und auch der Geschichte abhängen, lassen sich hier kaum allgemeingültige Regeln angeben.

> Die sprachlichen Bezeichnungen, die die Anerkennung ermöglichen, sind ihrerseits konventional, d.h. die Effekte und Instrumente eines gesellschaftlichen Rituals, die oftmals durch Ausschluss und Gewalt über die sprachlichen Bedingungen einer Überlebensfähigkeit der Subjekte entscheiden. (ebd.: 15)

Dass die Möglichkeit, diskriminierende Sprache zu kritisieren oder aber sie sich anzueignen, nie kontextunabhängig gegeben und für alle Sprecher*innen gleichermaßen verfügbar ist, sondern stets von spezifischen Kontexten und den jeweiligen aus der Vorgeschichte entstandenen Sprecher*innenpositionen abhängt, zeigt ein Blick auf die Geschichte der Wiederaneignung von Begriffen wie ‚Kanak' oder auch die feministische Wiederaneignung des Begriffs ‚Slut' beispielsweise durch die ‚Slutwalks', die 2011 stattfanden. Die Teilnehmer*innen dieser Walks nahmen eine Wiederaneignung des diskriminierenden Begriffs ‚slut' vor, um gegen die Schuldumkehr in Vergewaltigungsmythen zu demonstrieren, nachdem den Opfern sexueller Gewalt aufgrund ihrer Kleidung eine Mitverantwortung zugeschrieben worden war.

Das Wort ‚Kanake' ist ein älteres Bespiel (in dem es freilich nicht um sexistisches Sprechen geht, das die Problemlage aber sehr deutlich macht): Die Einwohner*innen des südpazifischen Neukaledonien, das 1853 zu französischem Kolonialbesitz erklärt worden war, nannten sich selbst mit diesem Ausdruck, der hier mit ‚Mensch' zu übersetzen ist. Im Rahmen der ‚Internationalen Kolonialausstellung' in Paris wurde 1931 eine Delegation von ihnen in Käfigen ausgestellt, an denen die Bezeichnung auf einem Schild angebracht war. Hier setzt die erste Diskriminierung ein, indem die Selbstbezeichnung verdinglichend aufgegriffen wird. Eine zweite Welle der Diskriminierung verwendete den Ausdruck verletzend-rassistisch für die Arbeitsmigrant*innen der zweiten Hälfte des 20. Jahrhunderts in Deutschland. Im Projekt *Kanak Sprak*, bestehend vor allem aus Deutschtürk*innen, haben sich Betroffene und ihre Nachfahren seit den 1990er Jahren den Ausdruck wiederum angeeignet und ihn als ermächtigende Selbstbezeichnung verwendet. Aber auch wenn er in diesem Kontext wiederverwendet wird, bedeutet das nicht, dass er nun quasi allgemein freigegeben oder von seiner diskriminierenden Bedeutung „gereinigt" und wieder ein neutraler Ausdruck geworden wäre. Die Sprecher*innenpositionen bleiben ungleich verteilt (vgl. Hobuß 2007: 44-51).

Die Geschichte von Verletzungen und rassistischem Mord klebt gleichsam an diesem Ausdruck bis heute. Und das gilt für alle verletzenden Sprechakte und ihre Zitationen und Wiederverwendungen: Angehörige der Täterkollektive können nicht einfach beschließen, dass sie nicht rassistisch oder nicht sexistisch sind und in neutraler oder sogar angeblich guter Absicht Begriffe wiederverwenden, mit denen Menschen zuvor systematisch verletzt worden sind. Und es ist das Recht von Menschen, die unter sprachlicher Verletzung leiden, sich die Wiederholung solcher Verletzungen nicht anhören und antun lassen zu müssen. Diese Überlegungen gelten auch für ehemals als ‚normal' geltende Sprachformen wie das generische Maskulinum: Wenn als weiblich gelesene Menschen nicht mehr bereit sind, sich ‚mitgemeint' zu fühlen, sind Kritiker*innen schlichtweg nicht in der Sprechposition zu sagen, sie selbst würden hier zu Opfern gemacht, die Betroffenen seien übersensibilisiert oder sollten sich nicht so anstellen.

5. Sprachpolizei? Feminist Killjoy!

Kämpfe um und Angriffe auf geschlechtergerechte Sprache sind etwas nahezu Alltägliches. Allein in der Zeitspanne, in der wir an diesem Text arbeiten, gibt es wöchentlich neue Interviews, Kolumnen oder Statements, in denen Bemühungen um eine diskriminierungsfreiere Sprache angegriffen werden. Zuletzt schrieb das Justizministerium einen neuen Gesetzentwurf teils im generischen Femininum, teils mit grammatikalisch korrekten weiblichen Bezeichnungen für juristische Personen, was im Innenministerium unter Horst Seehofer zu Widerstand führte mit der Begründung, dass der Gesetzestext so nur für weibliche Personen gelte und somit verfassungswidrig sei (vgl. Spiegel Online 2020: o. S.).

Der vehemente Widerstand gegen 'Political Correctness' und die Verwendung des Begriffs 'Sprachpolizei' zeigen aber auch, dass die Kämpfe für eine geschlechtergerechtere Sprache und Gesellschaft wahrgenommen werden. Umdeutung und Diffamierung von 'Political Correctness' und die Wiederaufnahme des Begriffs 'Sprachpolizei' sind auch Reaktionen auf Veränderungen.

Um all diesen Diskussionen und Angriffen etwas entgegenzusetzen, schlagen wir Sara Ahmeds Figur des ‚feminist killjoy' vor. Sie ist eine wiederum positive Umdeutung dessen, was Gegner*innen als Sprachpolizei bezeichnen. Der feminist killjoy eignet sich die negativ konnotierte Rolle der kontrollierenden Feministin an, um sich aktiv gegen Sexismus und Diskriminierung zu positionieren. Ahmed schreibt über solche Aneignungen:

> A retooling might take this form: if naming sexism is understood as policing behavior, then we will be feminist police. Note that retooling antifeminist figures does not agree with the judgment (that to question sexism is to police) but rather disagrees with the premise by converting it into a promise (if you think questioning sexism is policing, we are feminist police. (Ahmed 2017: 2)

Wenn also der Angriff lautet: ‚Ihr seid eine Sprachpolizei', ist die Antwort: ‚Dann sind wir feminist killjoys'. In dieser Perspektive lassen sich Angriffe auch als etwas sehen, das Ressourcen verschaffen kann. Der feministischen Spaßverderberin geht es darum, die Deutungshoheit in doppelter Hinsicht zurückzuerlangen: Einerseits darüber, welche Rolle sie selber in der Debatte einnimmt, aber auch darüber, worum es in der Debatte eigentlich geht.

Das anfangs benannte Unbehagen am drohenden Privilegienverlust, das die antifeministischen Angriffe motiviert, ist ein Indiz dafür, dass die feministische Spaßverderberin bereits am Werke ist. Insofern schlagen wir – als eine unter mehreren möglichen und nötigen Strategien des Umgangs mit den diskutierten Angriffen – eine Aneignung des Begriffs der Spaßverderberin vor: Sei ein feminist killjoy.

Literatur

Ahmed, Sara (2017): Living a Feminist Life. Durham.

Autor*innenkollektiv FE.IN (2019): Frauen*rechte und Frauen*hass. Antifeminismus und die Ethnisierung von Gewalt. Berlin.

Butler, Judith (2018): Haß spricht. Zur Politik des Performativen. Frankfurt/M.

Degele, Nina (2020): Political Correctness – Warum nicht alle alles sagen dürfen. Weinheim.

Diringer, Arnd (2020). „Gender-Zwang an Hochschulen", *Welt am Sonntag* Nr. 35: 11.

Duden online (2020): [Link: https://www.duden.de/node/ 112888/ revision/112924; 22.09.2020].

Debionne, Philippe (2020). „Verein macht Gender-Studien für fehlende Finanzmittel bei Virusforschung verantwortlich", *Berliner Zeitung* vom 28.03.2020. [Link: https://www.berliner-zeitung.de/politik-gesellschaft/verein-macht-gender-studien-fuer-fehlende-finanzmittel-bei-virusforschung-verantwortlich-li.79789; 03.11.2020].

DER SPIEGEL online (2020): Justizministerium verfasst Gesetzentwurf in weiblicher Form. [Link: https://www.spiegel.de/politik/deutschland/justizministerium-schreibt-gesetzentwurf-in-weiblicher-form-glaeubigerinnen-und-inhaberinnen-a-0b1c74d4-e02e-4510-8c10-706786538577; 13.10.2020].

Der Tagesspiegel (2020): „Kretschmann lehnt Regeln für gendergerechte Sprache ab" (02.08.2020). [Link: https://www.tagesspiegel.de/politik/gruener-gegen-sprachpolizisten-kretschmann-lehnt-regeln-fuer-gendergerechte-sprache-ab/26058496.html; 15.10.2020].

Heine, Matthias (2018): „Lieber die Sprachpolizei als die Gestapo", *WELT* (07.08.2018). [Link: https://www.welt.de/print/die_welt/kultur/article180695380/ Ein-Mann-ein-Wort-Lieber-die-Sprachpolizei-als-die-Gestapo.html; 15.10.2020].

Hennig, Irina (2011): Verunsicherungen als Forschungs- und Lehrkonzept. In: Thomas, Tanja/ Hobuß, Steffi/ Kruse, Merle-Marie/ Hennig, Irina (Hrsg.): Dekonstruktion und Evidenz. Darmstadt, 8-20.

Hobuß, Steffi (2007): „Ein komplexes und wechselhaftes Spiel“ – Sprachliche Resignifikation in Kanak Sprak und Aboriginal English. In: Schwarz, Anja/West-Pavlov, Russell (Hrsg.): Polyculturalism and Discourse. Amsterdam, 31- 65.

Hobuß, Steffi (2011): „Faktisch unwiderstehlich und doch immer noch anfechtbar“ – Philosophische Überlegungen zum Verhältnis von Dekonstruktion und Evidenz. In: Thomas, Tanja/Hobuß, Steffi/Kruse, Merle-Marie/Hennig, Irina (Hrsg.): Dekonstruktion und Evidenz. Darmstadt 43-63.

Joffe, Josef (2005). „Frauen, Quoten und Gelehrte“, *Zeit Online* (24.02.2005). [Link: https://www.zeit.de/2005/09/B-Harvard; 15.10.2020].

Steinmeier, Frank-Walter (2019): Rede anlässlich der Eröffnung der Jahresversammlung der Hochschulrektorenkonferenz in Hamburg am 18.11.19. [Link: https://www.bundespraesident.de/SharedDocs/Reden/DE/Frank-Walter-Steinmeier/Reden/2019/11/191118-Hochschulrektorenkonferenz-HH.html; 9.6.2020].

ZEIT Online (13.08.2020): Gesellschaft für deutsche Sprache hält Gendersternchen für ungeeignet. (Ohne Verfasser*in) [Link: https://www.zeit.de/kultur/2020-08/gendergerechte-sprache-gendersternchen-gesellschaft-fuer-deutsche-sprache; 15.10.2020].

‚Gender mich nicht!‘ - über das falsche Spiel von rechts außen

Andreas Eylert-Schwarz und Mariza Leuchtmann

Einleitung

> ‘Sexuelle Vielfalt‘ im Lehrplan will nicht aufklären, sondern gezielt an Sexualität heranführen. Schon für Kindergartenkinder gibt es Gender-Mainstreaming-Konzepte, damit die Kleinsten bereits ihr Geschlecht hinterfragen und verschiedene Sexualitäten kennenlernen. So werden schwere Persönlichkeitsstörungen vorprogrammiert. (Junge Freiheit 2015)

Dies ist einer von diversen polarisierenden Sätzen, wie sie im Flyer „Gender mich nicht!“ zu finden sind. Er soll im Folgenden als ein Beispiel für Anti-Genderismus[1] von rechts genauer beleuchtet werden.

Der von der Jungen Freiheit im April 2015 in der zweiten Auflage veröffentlichte Flyer umfasst acht Seiten. Inzwischen wurden weitere Auflagen gedruckt und insgesamt nach Angaben der Herausgebenden des Faltblattes „über 1,7 Millionen Stück“ verteilt (Junge Freiheit 2019).

---

[1] Scheele (2016) verweist darauf, dass aufgrund der Bedeutungsunschärfe der Begriffe ‚Gender’ und ‚Genderismus’, die beide sowohl innerhalb der Frauenbewegung als auch von Gegner*innen der Gleichstellungsarbeit kritisiert werden, der Begriff ‚Anti-Genderismus’ sowohl als Kritik an Ausgrenzungen aufgrund von Gender im Sinne feministischer Ansätze dient, aber eben auch als Abwehrhaltung gegen den vermeintlichen ‚Gender-Wahn’ instrumentalisiert werden kann. Daher erscheint Anti-Genderismus für Sebastian Scheele nicht als angemessene Bezeichnung für die Gegner*innen, sodass er es bevorzugt, am Begriff Antifeminismus festzuhalten. Im vorliegenden Artikel wird „Anti-Genderismus“ als Form der Abwehr aller gleichstellungsorientierten Ansätze verstanden.

Auffällig am Flyer ist die Verwendung verschiedener Farben sowie Schriftarten. Für die Verfasser*innen des Flyers mutmaßlich besonders wichtige Aussagen wurden blau unterstrichen oder gelb hervorgehoben. Mehrfach werden Bilder mit Kindern genutzt, um Aussagen zu unterstreichen. Die Hervorhebungen sollen, so ist anzunehmen, auch dazu dienen, gezielt Dinge zu überspitzen, um dadurch zu provozieren. So findet sich z.B. ein solches Bild auch unter dem eingangs gegebenen Zitat, wo sich unter der Überschrift „Unterrichtsinhalte für die Kleinsten" ein Kleinkind von schätzungsweise zwei Jahren die Augen zuhält. Neben dem Kind befinden sich eingestreut die Begriffe „Gender", „Dildo", „Lederpeitsche" und „Gruppensex" (Junge Freiheit 2015). Das oben aufgeführte Zitat aus dem Faltblatt zieht, wie zahlreiche andere darin, mehr Fragen als Antworten nach sich, wie z.B.: Was sind ‚Gender-Mainstreaming-Konzepte'? Was bedeutet es, dass gezielt an Sexualität herangeführt werden soll? Von welchem Lehrplan wird da gesprochen und was bedeutet es, dass diese ‚Frühsexualisierung' für alle Kinder Pflicht sein soll? Und das sind nur einige von vielen Fragen, die diese Aussage aufwirft mit dem offensichtlichen Ziel, um das Wohl ihrer Kinder besorgte Eltern zu alarmieren.

Neben den mehr Verwirrung stiftenden als Informationen liefernden Aussagen werden durch die gezielte Verwendung von Reizwörtern Aufreger geschaffen und Bedrohungsszenarien initiiert (Vgl. Hark/Villa 2015: 172). Die oben genannten, im Flyer quasi ‚in einen Topf geworfenen' und hervorgehobenen Begriffe „Dildo", „Lederpeitsche", „Gender", „Gruppensex" und „Gender-Mainstreaming" werden so als Bedrohung für alle, insbesondere für (kleine) Kinder und ihre Eltern, dargestellt. Was die Autor*innen mit dem jeweiligen Begriff meinen oder woher sie ihre Informationen zu den z.B. in Kindergarten und Schule geplanten Maßnahmen beziehen, wird nicht transparent. Das dadurch erzeugte Angst-Szenario wird von Scheele als ein im Anti-Genderismus typisches Bedrohungsszenario der „Umerziehung & Sexualisierung" bezeichnet. „Das Kind" fungiere hierbei „als Chiffre politischer Auseinandersetzungen" (Scheele 2016: 6).

Im Folgenden wollen wir den Flyer genauer betrachten und einzelne Aussagen überprüfen. Dabei ist es wichtig, zunächst den Kontext zu kennen, also herauszuarbeiten, wer für das Faltblatt verantwortlich zeichnet. Dieser Frage wird im nachfolgenden Abschnitt nachgegangen. Daran anschließend werden exemplarisch einige Aussagen, die seitens der ‚Jungen Freiheit' im Flyer formuliert werden, wiedergegeben und diesen – aus Platzgründen lediglich in Ansätzen – Definitionen aus der Genderforschung gegenübergestellt. Anschließend werden die die Argumente der ‚Jungen Freiheit' vereinheitlichenden Merkmale und Elemente diskutiert. Anders als die Mehrzahl der weiteren Artikel in diesem Band verstehen wir diesen Aufsatz dabei als Auseinandersetzung mit einem konkreten praktischen Beispiel von Anti-Genderismus und nicht als wissenschaftlich-theoretischen Beitrag zum Thema.

1. Falsches Spiel ‚von rechts außen'?

Bevor wir auf die Inhalte des Flyers eingehen und dabei herausarbeiten, warum wir im Beitragstitel von einem „falschen Spiel" sprechen, soll zunächst geklärt werden, wer hinter der Aktion „Gender mich nicht!", zu der der entsprechende Flyer gehört, steht.
Herausgegeben und beworben wird der Flyer durch die Wochenzeitung ‚Junge Freiheit (JF)'. Die JF wurde 1994 gegründet und erscheint inzwischen wöchentlich. Die Druckauflage beträgt über 36.000 Exemplare, mit denen die ‚Junge Freiheit' nach eigenen Angaben vor allem Lesende mit „hohem Bildungsstand" und „weit überdurchschnittlichem Einkommen" (davon 86,6% männlich) erreicht (vgl. Junge Freiheit 2018).

Die „Werte" der Jungen Freiheit sind ihrem Leitbild zufolge unter anderem:

- Die „Nation" als entscheidenden Ordnungsfaktor und identitätsstiftenden Rahmen im vereinten Europa zu bewahren,

- die „Freiheitlichkeit" zu verteidigen gegen Angriffe von außen und einen „neuen Totalitarismus“,
- ein „Konservatismus", der dem „Fortschrittsglauben“ gegenüber skeptisch ist und sich der „Gleichheitsutopie“ widersetzt, sowie
- das "Christentum", mit dem die deutsche und europäische Geschichte auch in seiner säkularen Form unauflöslich verwoben sei (Junge Freiheit 2011).

Bereits in diesem kurzen Auszug aus den „Werten“, denen sich die Redaktion[2] selbst im Leitbild (an anderer Stelle wird es als „Grundsatzerklärung der Redaktion“ bezeichnet) verschreibt, wird deutlich, dass es sich bei der JF um eine zumindest rechts-konservative Zeitung handelt. In Fachkreisen wird die ‚Junge Freiheit’ jedoch eher dem rechten Rand zugeordnet. So gilt die Zeitung als „Flaggschiff“ und „Vorzeigeprojekt“ der neuen Rechten (Gessenharter 2004: 20). Helmut Kellershohn stellt fest, der „Konservatismus“ im Sinne der JF könne als „Chiffre für den völkischen Nationalismus“ betrachtet werden und dieser wiederum könne als „Kernanliegen“ der Zeitung gesehen werden (Kellershohn 2013: 120). 2005 konnte die JF durch ein Urteil des Bundesverfassungsgerichts die Beobachtung durch den Verfassungsschutz verhindern. Gideon Botsch konstatiert mit Blick darauf, dass sich „jenseits dieser [gerichtlichen] Bestimmungen [...] jedenfalls ein radikal formulierter und ethnisch begründeter Nationalismus erkennen [lässt] [...]. Ungeachtet dessen legte die ‚Junge Freiheit’ stets großen Wert darauf, sich zum Grundgesetz als geltender Verfassung zu bekennen“ (Botsch 2017: o. S.).

[2] Die Redaktion der JF besteht, das sei, da es in diesem Band um Fragen des Umgangs mit Geschlechtergerechtigkeit und Chancengleichheit zwischen den Geschlechtern geht, angemerkt, aktuell laut Webseite aus 13 Männern und einer Frau (Stand April 2020 – siehe Junge Freiheit 2020b).

Bei der Verbreitung des Flyers und der Bewerbung der dazugehörigen Internetplattform[3] greift die ‚Junge Freiheit' auf ein Unterstützer*innennetzwerk zurück, dem unter anderem Initiativen wie die Vereinigung „Demo für alle" mit ihrem Slogan „Ehe und Familie vor! Stoppt Gender-Ideologie und Sexualisierung unserer Kinder", die Initiative „Familien-Schutz.de", die u.a. Eltern berät, wie sie sich gegen die „Lehre der sexuellen Vielfalt" einsetzen können oder die katholische, päpstliche Stiftung „Kirche in Not" angehören (Junge Freiheit 2020a).

2. Argumentation im Flyer – exemplarische Beispiele

Zunächst möchten wir mit einem Auszug aus dem ersten Absatz des Flyers beginnen, in dem die Verfassenden darlegen, was von ihnen so bezeichnete „Verfechter der Gender-Ideologie" ihrer Meinung nach unter Gender verstehen:

> Unser Geschlecht ist angeblich vor allem sozial und kulturell geprägt, unsere Biologie drängt uns demnach in eine stereotype Rolle als Mann oder Frau. Ganz so, wie die radikale Feministin Simone de Beauvoir es einst sagte: ‚Man kommt nicht als Frau auf die Welt, man wird zur Frau gemacht'. Dabei spiele die Frage, welches Geschlecht wir biologisch haben, angeblich keine Rolle, relevant sei nur, wie man sich fühle. Nicht umsonst stammt der Gender-Begriff aus der Transsexuellen-Forschung. (Junge Freiheit 2015)

An dieser Stelle wird auf den Begriff des biologischen Geschlechts rekurriert: Ab dem 18. Jahrhundert wurde Geschlecht als eine „Kombination von Biologie und der Bestimmung aus der Natur abgeleitet und zugleich als Wesensmerkmal in das Innere der Menschen verlagert" (Hausen 1976: 369f.). Man ging also davon aus, dass männliche und weibliche Eigenschaften und Verhaltensweisen genetisch vorbestimmt und inkorporiert sind.

[3] Link: http://gender-mich-nicht.de, [02.07.2020].

Heute wird das Geschlecht auf soziologischen und gendertheoretischen wissenschaftlichen Grundlagen anders definiert. Hingewiesen sei auf die Trennung zwischen der biologischen Geschlechtszugehörigkeit, die im Englischen als ,sex' bezeichnet wird, und dem gesellschaftlich konstruierten sozialen Geschlecht, dem ,gender' (Bamberg 2000: o. S.). Hierbei ist zwar nicht von einer klaren Trennlinie zwischen Natürlichem und Kulturellem auszugehen, dennoch sollte die soziale Konstruktion von Geschlecht stets mitgedacht werden (Villa 2004: 141f.). Das bedeutet auf die individuelle Geschlechtsidentität bezogen, dass die Kategorie Geschlecht und der Umgang mit ihr nach der Geburt erlernt werden (vgl. Preuk 2012). Aus gendertheoretischer Sicht wird also, bezogen auf das Zitat aus dem Flyer, gerade *nicht* behauptet, dass das biologische Geschlecht (sex) keine Rolle spiele, sondern es wird im Zusammenspiel mit dieser Kategorie auf Gender, die soziale Dimension des Geschlechts, verwiesen. Die Aussage, die im Flyer in Bezug auf die Genderwissenschaften getätigt wird, ist also entweder aus Unwissenheit gemacht worden oder wurde bewusst verdreht. Für Letzteres spricht der vierte Satz des Zitats, dass „der" Gender-Begriff aus der „Transsexuellen-Forschung" stamme: Hier werden die Worte ,Gender' und ,Transsexuelle' vermutlich gezielt als Reizwörter verwendet. Die Autor*innen definieren nicht, was sie unter den Begrifflichkeiten – bspw. unter der „Transsexuellen-Forschung" – verstehen und an dieser wie auch an anderen Stellen im Flyer wird kein Versuch unternommen, durch die Verwendung von Definitionen oder Belegen zum Verständnis der genutzten Begrifflichkeiten beizutragen.

Birgit Sauer verweist diesbezüglich unter Bezugnahme auf Gerhard Marschütz darauf, dass das dem Gender-Begriff zugrundeliegende Konzept von seinen Kritiker*innen immer wieder – erkennbar bewusst – missverstanden und -interpretiert werde. Die verschiedenen Gruppierungen würden damit absichtlich die Erkenntnisse der Frauen- und Geschlechterforschung verzerren, um sie lächerlich zu machen und damit der Gleichstellungsarbeit sowie ihren Maßnahmen die Berechtigung abzusprechen (vgl. Sauer 2019: 341).

Ein zweites Beispiel der im Flyer getroffenen Aussagen:

> Die Gender-Theorie wurde hauptsächlich von lesbischen Feministinnen und Transgender-Forschern entworfen. Diese wollen keine Gleichberechtigung von Mann und Frau, sondern die Auflösung des Geschlechts insgesamt. Jeder soll sich sein Geschlecht frei aussuchen, die angeborene Identität zerstört werden. (Junge Freiheit 2015)

An dieser Stelle müsste gefragt werden, wie die verwendeten Begriffe „die" Gendertheorie sowie „die" Transgender-Forschung zu verstehen sind. Für diese und diverse weitere Textstellen kann festgehalten werden, dass von den Autor*innen des Flyers der Bedeutungskontext nicht ausgeführt wird. Diese Vorgehensweise ist typisch für rechtspopulistische Rhetorik: Begriffe werden aus dem Zusammenhang gerissen und nicht mehr auf ihre Herkunftsgeschichte hin überprüft bzw. ein Zusammenhang behauptet, der sich bei genauerer Prüfung nicht belegen lässt. Begriffe, die Verschiedenes meinen, werden zu einem Begriff simplifiziert (Hechler 2015: 266), z.B. durch die Gleichsetzung von ‚Geschlecht', ‚Gender', ‚Gender Mainstreaming' und ‚sexueller Orientierung', die alle als ‚Gender-Ideologie' zusammengefasst werden. Auffällig ist zudem erneut die stigmatisierende Verwendung von Begriffen (lesbische Feministinnen und Transgender-Forscher), die der Polarisierung und somit der Entstehung eines Feindbildes, oder wie Hark und Villa beschreiben, dem „Aufbauen eines binären Freund-Feind-Schemas" (Hark/Villa 2015: 172) dienen. Indem auf die „biologisch-natürliche heterosexuelle Zweigeschlechtlichkeit" (Sauer 2019: 49) zurückgegriffen wird, können Vorstellungen von Geschlechtern und „dem Volk" generell so vermittelt werden, dass eine „geschlechterideologisch begründete natürliche Zugehörigkeit" konstruiert und Menschen, die dieser Vorstellung nicht entsprechen (können/wollen), ausgeschlossen werden (ebd.: 349). So wird die Vorstellung eines homogenen „Volkes" gestaltet, das von Eliten und Intellektuellen betrogen wird und somit „schwach, passiv und handlungsunfähig ist und daher gerettet werden muss, Schutz und Führung braucht. Rechtspopulistische Führungspersönlichkeiten imaginieren sich als diese Retter" (ebd.: 350).

Insbesondere anhand des letzten Satzes des Zitats wird ein für rechtspopulistische Argumentationen typisches Bedrohungsszenario entworfen (Hark/Villa 2015: 172), das alle Lesenden des Flyers betrifft - es wird so dargestellt, als sei die eigene Identität in Gefahr, die es nun vor den bedrohlichen Einflüssen „der“ Gender-Theorie zu schützen gelte. Auch hier findet eine Pauschalisierung statt. Bezüge zu konkreten Personen werden nicht hergestellt. Erneut wird deutlich, dass es im Flyer eben nicht um Begriffsklärung geht. Vielmehr werden Behauptungen aufgestellt, die nicht nachgewiesen werden, also bspw., dass es *nicht* um die Gleichberechtigung von Mann und Frau gehe. Dies steht im Gegensatz zu den eigentlichen Zielen von Geschlechterforschung und Gleichstellungspolitik, deren Bestreben die Chancengleichheit aller Menschen ist. Zudem sei auf die Problematik der Behauptung hingewiesen, es gehe im Rahmen von Geschlechterpolitiken um „die Auflösung des Geschlechts.“ Newmark verdeutlicht, dass dies im klaren Gegensatz zu den eigentlichen Zielen der Frauen- und Gleichstellungsarbeit steht: „Denn, um es nochmals in aller Deutlichkeit zu sagen: Niemand, der sich ernsthaft mit Geschlechterforschung oder Gleichstellungspolitik beschäftigt, geht davon aus, dass wir immaterielle Wesen sind, die sich gänzlich nach Gusto selbst konstruieren, oder dass es keine körperliche, biologische, materielle Grundlage für die Menschen, so wie sie sind, gibt“ (Newmark 2015: o. S.).

Untersucht werden soll auch die Aussage „Gender stellt die Ehe zwischen Mann und Frau in Frage als ‚sexistischen Stereotyp‘“ (Junge Freiheit 2015). Mayer beschreibt den ‚Anti-Genderismus‘ als „enorm vielfältig, flexibel und adaptionsfähig. Er aktualisiert sich an konkreten Themen [...]“ (Mayer 2018: 71f.). Die Autorin verweist ebenfalls auf den häufig gewählten Fokuspunkt Familie in antifeministischen Bewegungen (vgl. Mayer 2018: 72). Auch Hechler weist auf die Ehe zwischen Mann und Frau als zentrales Orientierungsmuster in rechten Diskursen hin (Hechler 2015: 267). Die heterosexuelle Ehe und kleinbürgerliche Familie verlieren aber nicht ihre Rechte und Privilegien, nur weil auch andere Lebensformen als die heterosexuelle Ehe anerkannt werden (Hark/Villa 2015: 48). Das Einzige, was sich verändert, ist die Selbstverständlichkeit der Privilegien. Daher dient diese Aussage erneut dem Aufbau eines Bedrohungsszenarios, um die heterosexuelle Mehrheit der Menschen ansprechen und für die eigene Meinung einnehmen zu können. Auch hier werden keine Belege angeführt, woher die Aussage in Bezug auf die Zielsetzung von „Gender" stammt. Laut Flyer soll „Gender" diese Intention verfolgen- aber wen oder was meinen die Verfasser*innen mit „Gender"? Statt seriöser Informationen wird erneut ein Bedrohungsszenario entworfen, das unterschwellig vermittelt, dass die Ehe zwischen Mann und Frau als sexistisches Stereotyp gesehen würde und durch die „Genderbewegten" abgeschafft werden solle.

Nachfolgend wird ein weiteres Zitat aus dem Flyer betrachtet: „Gender stellt auch die biologische Verwandtschaft in der Familie in Frage" (Junge Freiheit 2015). Die wahrscheinliche Quelle dieses Zitats ist Berger zufolge ein von Martin Voigt (von der Jungen Freiheit mit dem Gerhard-Löwenthal-Preis[4] ausgezeichnet) verfasster Artikel, in dem er schreibt: „Ziel der Gender-Ideologie ist die Dekonstruktion stabiler sexueller und familiärer Bindungen" (zit. n. Berger 2017). Auch dieser Autor gibt bedauerlicherweise keine Quelle an, so dass (wahrscheinlich so intendiert) nicht nachvollzogen werden kann, wo ein solches Ziel benannt worden sein könnte. Denkbar ist, dass die vermeintliche Zielsetzung durch Martin Voigt und/oder die Autor*innen des Flyers eigens kreiert wurde. Auch hier ist auffällig, dass „Gender" personifiziert wird - die Vermutung liegt nahe, dass dies verdecken soll, dass keine Quelle für diese Aussage vorhanden ist und sie so keinem wissenschaftlichen Anspruch genügen kann. Das eigentliche Ziel „der" Gender-Forschung ist es nachweislich nicht, die biologische Verwandtschaft der Familie infrage

[4] Der Gerhard-Löwenthal-Preis wird gemeinsam von der Förderstiftung Konservative Bildung und Forschung, der Wochenzeitung Junge Freiheit und Dr. Ingeborg Löwenthal verliehen. „Er ist zukunftsorientiert und fördert jungen, freiheitlich-konservativen Journalismus", heißt es auf der Website ‚Bibliothek des Konservatismus'.

zu stellen, sondern, es Menschen zu ermöglichen, „Familie und Beziehung so zu leben, wie es ihrer Lebenssituation entspricht. Ohne Bevormundung und ohne Benachteiligung“ (Schutzbach 2017: o. S.). Auch alternative Familienkonzepte sollen Akzeptanz finden - was, den gesellschaftlichen Wandel berücksichtigend, auch notwendig ist. Die Vielfalt an Lebensformen ist jedoch nicht das Werk „der Gender-Ideologie“, sondern hängt mit verschiedensten gesellschaftlichen und politischen Faktoren zusammen (vgl. Schutzbach 2017).

Scheele bezeichnet den hier anhand beispielhafter Aussagen verdeutlichten, heutigen Anti-Genderismus als „familialistischen Antifeminismus“, in dessen Zentrum die Familie „als naturgemäße Einheit aus VaterMutterKind“ stehe, die zugleich „als Symbol von Heterosexualität und Geschlechterbinarität“ fungiere. Gleichzeitig werde das Bild der „bürgerliche[n] heteronormative[n] Kernfamilie“ entworfen, die sich insbesondere gegen „‚Minderheiten‘, denen eine bedrohliche Sexualität oder Geschlechtsidentität zugeschrieben wird“, wehren müsse. Die vorherrschende Familiennorm bezeichnet Scheele als „rassistisch, nationalistisch, klassistisch, sexistisch, homophob aufgeladene Familien-Norm“ (Scheele 2016: 5f.).

Weiter heißt es im Flyer über den Aspekt der Erziehung zur sexuellen Vielfalt:

> Unterrichtsbeispiele sind etwa Pantomime-Spiele, bei denen Begriffe wie ‚Porno‘, ‚zu früh kommen‘ oder ‚Gruppensex‘ dargeboten werden. Kinder sollen einen ‚Puff für alle‘ konstruieren, in dem in jedem Raum andere sexuelle Praktiken gegen Geld angeboten werden. Sexspielzeug soll ersteigert werden, Kondomführerscheine erworben werden oder im Internet Recherche über Homosexualität auf einschlägigen Kontaktportalen als Hausaufgaben gemacht werden. (Junge Freiheit 2015)

Diese Aussage wird direkt nach dem Stichwort „Kindergarten“ gemacht. Somit kann der Eindruck entstehen, als würden diese Aufklärungsspiele mit Kleinkindern durchgeführt werden, was durch das Hinzufügen des Bildes eines Kleinkindes noch verstärkt wird.

Eine Quelle für diese Unterrichtsbeispiele wird nicht genannt, sodass deren Herkunft auch hier nicht nachvollzogen werden kann. Vergleichbare Übungen, wie sie in „Sexualpädagogik der Vielfalt" (Timmermanns/Tuider 2008) bereitgestellt werden, richten sich an Schüler*innen der weiterführenden Schule. Für eine ähnliche Übung (ebd.: 52f.) wird die Altersstufe ab 14 Jahren vorgeschlagen. Mit der Unterstellung, es sei intendiert, derlei Übungen mit Kleinkindern durchzuführen, wird also erneut Panikmache betrieben und es wird versucht, den Eindruck zu erwecken, „Gender" habe eine entwicklungspsychologisch fragwürdige Sexualerziehung als Ziel. Ein für rechte Argumentationen typisches Bedrohungsszenario (vgl. Hark/Villa 2015) wird entworfen. Mitnichten stehen der Informationsgehalt oder eine Nachvollziehbarkeit der Argumentation im Fokus. Es wird zudem ‚vergessen', zu erwähnen, dass die beschriebenen Übungen nicht curricular festgehalten und somit nicht verpflichtend sind, sondern nur Vorschläge zur Gestaltung des Unterrichts darstellen (näheres zu den entsprechenden Beschlüssen siehe: Deutscher Bundestag 2016). Auch diese Darstellung im Flyer ist daher schwammig und weist keine Belege auf. Es werden erneut gezielt Reizwörter verwendet (Porno und Gruppensex in Verbindung mit Klein- und Schulkindern), die vermutlich zu einer Emotionalisierung führen sollen.

An dieser Stelle sei noch die Aussage, „Der Verband der Intersexuellen spricht gar von über 4.000 Geschlechtern. Skala nach oben offen", genauer beleuchtet. Die Quelle des Flyers könnte ein Tagesschau-Interview mit der Vorsitzenden des Vereins ‚Intersexuelle Menschen' sein, in dem es heißt: „Wir kennen 4000 Varianten von geschlechtlicher Differenzierung" (Tagesschau.de 2012). Der Begriff ‚geschlechtliche Differenzierung' ist aber nicht mit dem Begriff ‚Geschlecht' gleichbedeutend. Mit dem Gesprochenen im Interview ist also nicht die Aussage intendiert, dass es 4000 (biologische) Geschlechter gebe. Auch an dieser Stelle stehen nicht die Informationsgabe oder Transparenz der Aussagen im Flyer im Vordergrund, sondern die Gleichstellungspolitik und Geschlechterforschung sollen ins Lächerliche gezogen werden.

3. Zusammenschau

> „'Anti-Genderismus' dient [...] den sich europaweit organisierenden autoritären rechtsextremen Kräften dazu, in ihrem Kampf um Hegemonie, Deutungsmacht und politische Macht die Grundsätze von Gleichberechtigung, Nichtdiskriminierung und Selbstbestimmung radikal in Frage zu stellen". (Sauer 2019: 349)

Den Akteur*innen, die sich mittels der Initiative „Gender mich nicht!" gegen Geschlechterforschung und Gleichstellungspolitik engagieren, kann anhand der aufgezeigten Beispiele aus dem Flyer „Gender mich nicht!" eine solche Zielsetzung unterstellt werden. Dabei bilden diese ein breites Spektrum ab, das bspw. fundamentalistische Christ*innen, wertkonservative Journalist*innen sowie Teile politischer Parteien, bspw. der Alternative für Deutschland (AfD), beinhaltet (vgl. den 2. Abschnitt dieses Artikels und auch Hark/Villa 2015: 42). Wie Mayer anmerkt, „ist der ‚Anti-Genderismus' heute als ein Allianzprojekt zu verstehen, das unterschiedliche religiöse, konservative und rechte Strömungen verbindet (...)" (Mayer 2018: 62).

„Das Feindbild ‚Gender' fungiert hier als argumentative Schnittstelle, als ‚Scharnier', als ‚Kitt' (Juliana Lang) oder als ‚symbolischer Klebstoff' (Eszter Kováts)" (Scheele 2016: 13). Die Junge Freiheit nennt, wie bereits angeführt, als ihre Werte neben nationalen und freiheitlichen Richtlinien u.a. „Konservatismus" sowie das sich „Widersetzen gegen die Gleichheitsutopie", wie es im auf der Internetseite der Jungen Freiheit veröffentlichten Leitbild heißt. Zudem behauptet die Junge Freiheit, christliche Werte zu vertreten. Mit dem Leitbild sucht die Zeitung also u.a. den Schulterschluss mit Gruppen wie den oben genannten.

Auffällig an der zitierten Argumentation ist in jedem Falle, dass sich oftmals ausschließlich auf ein biologistisches Geschlechtsverständnis bezogen wird, ohne soziologische und gesellschaftstheoretische Aspekte mit einzubeziehen. Das bedingt, dass die grundsätzliche Idee von ‚Gender' überhaupt nicht verstanden wird und ausschließlich auf die überholte Sichtweise eines rein auf biologische Merkmale reduzierten Geschlechts zurückgegriffen wird. Es ist also nicht verwunderlich, dass sich innerhalb des zitierten Flyers nicht auf aktuelle gendertheoretische Forschungskenntnisse bezogen wird, da dies die hier aufgezeigte ‚Argumentation' durchbrechen und die getätigten Aussagen widerlegen würde. Typisch für antifeministische Argumentationen ist es ebenfalls, dass Elemente aus feministischen Diskursen auf- und dann angegriffen werden mit dem Ziel, diese als ideologisch zu identifizieren und ihnen somit ihre Wissenschaftlichkeit ab- und manipulative Intentionen zuzuschreiben (vgl. Hark/Villa 2015). Dies wird auch in den hier dargestellten Beispielen deutlich: Bedrohungsszenarien werden inszeniert, Aussagen dramatisiert und so Angst gegen das personifizierte Feindbild, die ‚Bedrohung' durch alles, was mit ‚Gender' zu tun hat, geschürt. Es geschieht hierbei eine eindeutige Abgrenzung des ‚Speziellen' vom ‚Gewöhnlichen' – und somit eine Stigmatisierung benachteiligter Gruppen. Außerdem wird seitens der Jungen Freiheit dahingehend argumentiert, dass bislang bevorzugte Gruppen ihre Privilegien verlören, indem Strategien zur Auflösung der Ungleichheit zum Tragen kommen. Das von Hark und Villa vorgestellte „Freund-Feind-Schema" wird also auch hier gezielt angewandt (Hark/Villa 2015: 172).

Die „diskursive Leerstelle" (Scheele 2016: 12), oder der „leere Signifikant" (Mayer 2018: 55) ‚Gender' ist hierbei als „Begriff ohne definierte Bedeutung, der aber ein ganzes Bündel unterschiedlicher Inhalte zusammenhält und sprachlich repräsentiert" (ebd.), zu verstehen. Dabei werden schwammige Aussagen ohne Bezug zu (aktuellen wissenschaftlichen) Quellen und Definitionen formuliert und

Tatsachen sowie Ziele der Gleichstellungspolitik und Geschlechterforschung dabei so verdreht, dass diese fälschlicherweise als gesellschaftlicher Zwang verstanden werden können (Hark/Villa 2015: 48). Zudem werden absichtlich Reizwörter verwendet, deren Bedeutung durch diverse Debatten aufgeladen ist und die dadurch polarisierend wirken.

Diese Form der Abwehr von Erkenntnissen aus der Geschlechterforschung kann als „Versuch der Restabilisierung prekär gewordener ‚Selbstverständlichkeiten'" gedeutet werden (ebd.: 8). Geschlecht ist an dieser Stelle die zentral identitätsstiftende Kategorie (ebd.: 169). Der hierbei bedienten Geschlechterdifferenz wird eine hierarchisierende Ordnungsfunktion zugesprochen (ebd.: 29). Scheele bemerkt hierzu:

> In der Postdemokratie werden die Geschlechterverhältnisse zum letzten symbolischen Rückzugsort des Konservatismus. Geschlechterpolitik ist dafür offenbar ein besonderes Politikfeld, das auf besondere Art an Identitäten und Emotionen rührt. In dieser Erklärung[5] würden beispielsweise Themen der Moral und insbesondere der Sexualmoral attraktiv in Zeiten, in denen an anderen politischen Fragen nicht gedreht werden kann: ‚Sex' geht immer, und ‚Denkt an Kinder!' geht auch immer. (Scheele 2016: 13)

Hinter der verwendeten und zuvor analysierten Rhetorik steht nach unserer Meinung also die Angst vor der Auflösung der traditionellen sozialen Ordnung (was auch immer die einzelnen Protagonist*innen damit verbinden), die im sozialen Wandel erfahrbar wird (vgl. Hark/Villa 2015). Doch sich dem Wandel gegenüber zu verschließen bedeutet nicht, dass er sich nicht trotzdem vollzieht.

---

[5] Scheele bezieht sich hier auf einen Argumentationsstrang Bernhard Schmids, der die französischen antifeministischen Mobilisierungen untersucht hat.

Literatur

Bamberg, Eva (2000): Essay Geschlechterforschung. In: Lexikon der Psychologie: Geschlechterforschung. [Link: https://www.spektrum.de/lexikon/psychologie/geschlechterforschung/5789; 23.10.2019].

Berger, David (2017): Wie die Gender-Ideologie Ehe und Familie zerstört. In: Philosophia Perennis. Ein Blick auf die Welt mit von der philosophia perennis geschärften Augen. [Link: https://philosophia-perennis.com/2017/01/21/wie-die-gender-ideologie-ehe-und-familie-zerstoert/; 26.02.2020].

Bibliothek des Konservatismus (Hrsg.): Gerhard-Löwenthal-Preis. [Link: https://www.bdk-berlin.org/stiftung/gerhard-loewenthal-preis/; 28.05.2020].

Botsch, Gideon (2017): Die Junge Freiheit – Sprachrohr einer radikal-nationalistischen Opposition. [Link: https://www.bpb.de/politik/extremismus/rechtsextremismus/230020/die-junge-freiheit-sprachrohr-einer-radikal-nationalistischen-opposition#footnode8-8; 23.10.2019].

Butler, Judith (1991): Das Unbehagen der Geschlechter. Frankfurt.

Deutscher Bundestag (Hrsg.) (2016): Dokumentation Sexuelle Vielfalt und Sexualerziehung in den Lehrplänen der Bundesländer. [Link: https://www.bundestag.de/resource/blob/485866/978f0a3aeab437dc5209f5a4be9d458d/wd-8-071-16-pdf-data.pdf; 08.04.2020].

Gessenharter, Wolfgang (2004): Die neue intellektuelle Rechte und ihre Unterstützung durch Politik und Medien. In: Braun, Stephan/Hörsch, Daniel (Hrsg.) (2004): Rechte Netzwerke – eine Gefahr. Wiesbaden, 17-25.

Hark, Sabine/Villa, Paula-Irene (Hrsg.) (2015): Anti-Genderismus. Sexualität und Geschlecht als Schauplätze aktueller politischer Auseinandersetzungen. Bielefeld.

Hausen, Karin (1976): Die Polarisierung der ‚Geschlechtscharaktere' – Eine Spiegelung der Dissoziation von Erwerbs- und Familienleben. In: Conze, Werner (Hrsg.): Sozialgeschichte der Familie in der Neuzeit Europas: neue Forschungen. Stuttgart, 369-370.

Hechler, Andreas/Stuve, Olaf (Hrsg.) (2015): Geschlechterreflektierte Pädagogik gegen Rechts. Opladen, Berlin, Toronto.

Heinrich-Böll-Stiftung/Rosa-Luxemburg-Stiftung (Hrsg.) (2018): Gender raus. Zwölf Richtigstellungen zu Antifeminismus und Gender-Kritik. Berlin.

Junge Freiheit (2020a): Aktion Gender mich nicht! Aktivisten. [Link: https://gender-mich-nicht.de/aktivisten/; 18.06.2020].

Junge Freiheit (2020b): Blick in die Redaktion. [Link: https://jungefreiheit.de/informationen/blick-in-die-redaktion/; 18.06.2020].

Junge Freiheit (2018): Mediadaten. Nr. 11 vom 08. November 2018. [Link: https://assets.jungefreiheit.de/2019/02/Mediadaten_2019.pdf; 26.02.2020].

Junge Freiheit. Wochenzeitung für Debatte (Hrsg.) (2015): Gender mich nicht! Gender Mainstreaming. Was ist das? Und was ist zu tun? Berlin.

Junge Freiheit (2011): Leitbild der JF. [Link: https://assets.jungefreiheit.de/2019/07/17-Leitbild-der-JF.pdf; 26.02.2020].

Kellershohn, Helmut (2013): Der "wahre" Konservatismus der Jungen Freiheit. In: ders. (Hrsg.): Die 'Deutsche Stimme' der 'Jungen Freiheit'. Lesarten des völkischen Nationalismus in zentralen Publikationen der extremen Rechten. Münster, 60-121.

Mayer, Stefanie (2018): „Anti-Genderismus“ und rechter Populismus. [Link: https://www.wien.gv.at/menschen/frauen/stichwort/kunst-kultur/frauen-wissen/pdf/frauen-wissen-wien-8.pdf#page=51; 08.06.2020].

Newmark, Catherine/Zeit Online (Hrsg.) (2015): Aus Angst vor einem anderen Leben. [Link: https://www.zeit.de/kultur/2015-07/gender-studies-feminismus-10nach8/komplettansicht; 22.04.2020].

Preuk, Monika/Focus Online (Hrsg.) (2012): Geschlechterforschung. Typisch männlich – typisch weiblich? [Link: https://www.focus.de/gesundheit/ratgeber/psychologie/gesundepsyche/tid-5586/psychologie_aid_54533.html; 23.10.2019].

Sauer, Birgit (2019): Anti-feministische Mobilisierung in Europa. Kampf um eine neue politische Hegemonie? In: Zeitschrift für vergleichende Politikwissenschaft. Wiesbaden, 339-353.

Scheele, Sebastian (2016): Von Antifeminismus zu 'Anti-Genderismus'? Eine diskursive Verschiebung und ihre Hintergründe. [Link: http://www.gwi-boell.de/sites/default/files/uploads/2016/08/scheele_diskursive_verschiebung_antifeminismus.pdf; 26.02.2020].

Schutzbach, Franziska/Heinrich Böll Stiftung/Gunda-Werner-Institut (Hrsg.) (2017): Feminismus und Geschlechterdemokratie. ‚Die Gender-Ideologie will die Ehe und die Kernfamilie abschaffen.' [Link: https://www.gwi-boell.de/de/2017/07/24/die-gender-ideologie-will-die-ehe-und-die-kernfamilie-abschaffen; 26.02.2020].

Tagesschau.de (Hrsg.) (2012): Interview zur Intersexualität. ‚Genitaloperationen müssen verboten werden.' [Link: https://www.tagesschau.de/inland/intersexualitaet100.html ; 30.10.2019].

Timmermanns, Stefan/Tuider, Elisabeth (2008): Sexualpädagogik der Vielfalt. Praxismethoden zu Identitäten, Beziehungen, Körper und Prävention für Schule und Jugendarbeit. Weinheim und München.

Villa, Paula-Irene (2004): (De)Konstruktion und Diskurs-Genealogie: Zur Position und Rezeption von Judith Butler. In: R. Becker et. al. (Hrsg.): Handbuch Frauen- und Geschlechterforschung. Wiesbaden, 141-153.

Teil B) Eingriffe: Thematische Bezüge in Natur und Kultur

Projektionsfläche Neobiota: Antifeministische Denkfiguren in der Konstruktion ‚fremder' Natur/en

Katharina Kapitza

> „Je dringender die Gefahr der Naueninvasion in das Reich der Männer sich gestaltet, je geharnischter treten ihr die Bedrohten entgegen." (Dohm 1902: 3)

Mit einem politischen und diskursiven (Wieder-)Erstarken (extrem) rechter und antifeministischer Akteur*innen und Positionen in Deutschland seit Mitte der 2010er Jahre werden in der Forschung zu Rechtsextremismus aktuell zunehmend eher vernachlässigte Themenfelder in den Blick genommen: So wird bspw. vielfach kritisch die enge Verbindung von Rechtsextremismus und Antifeminismus herausgearbeitet (vgl. Blum 2019; AK FE.IN 2019; Sigl i. d. Bd.); an anderer Stelle rücken die Verknüpfungen von Rechtsextremismus, Ökologie und Naturschutz (wieder) verstärkt in den Fokus der Analysen (vgl. Forchtner 2020, Gottschlich/Katz i. d. Bd.). Im vorliegenden Beitrag möchte ich beide Themenfelder analytisch miteinander verzahnen, indem ich der Frage nachgehe, inwiefern – neben der Abwertung des ‚Fremden' als strukturelle Parallele zu rassistischen Argumenten – auch antifeministische Argumentationsfiguren in ökologischen Konzepten und naturschutzfachlichen Debatten vorgefunden werden können.

1. Neobiota und die Abwertung des ‚Fremden'

Auf die Instrumentalisierung ökologischer Argumentationsmuster durch rechte Akteur*innen sowie auf die Notwendigkeit der kritischen Analyse des Zusammenhangs von Naturschutz und Rechtsextremismus ist bereits in den 1990er Jahren vielfach hingewiesen worden (z. B. Jahn/Wehling 1991). Kirchhoff stellt heraus, dass insbesondere der Umgang des Naturschutzes mit ‚biologischen Invasionen' bzw. ‚Neobiota'[1] dabei als Prüfstein für die „konzeptionelle Nähe und Distanz des Naturschutzes zu rechtsextremen Ideologien" (Kirchhoff 2015: 27) herangezogen werden könne, denn die Abwertung des ‚Fremden' stelle einen zentralen Anknüpfungspunkt rechter Akteur*innen an den Naturschutz dar. Mit Blick auf die AfD zeigt sich beispielhaft, dass die öffentliche und explizite Bezugnahme rechter Akteur*innen auf das Konzept ‚biologischer Invasionen' derzeit tatsächlich vermehrt stattfindet. So stellte die Fraktion der AfD im Landtag Nordrhein-Westfalen 2019 einen Antrag mit dem Titel ‚Pudelwohl im fremden Land! Endlich wirksame Bekämpfung von invasiven Neobiota ermöglichen und heimische Ökosysteme schützen!'[2] Bereits 2017 hatte dieselbe Landesfraktion der AfD eine kleine Anfrage in Bezug auf Maßnahmen gegen ‚invasive' Neobiota auf ihrer Website mit der Erläuterung „*Auch* pflanzliche und tierische ‚Einwanderer' können zuweilen für Probleme sorgen"[3]

---

[1] ‚Biologische Invasionen' werden im Kontext der Invasionsbiologie als „die durch Menschen vermittelte Ausbreitung von Organismen in einem Gebiet, das sie zuvor nicht auf natürlichem Wege erreicht haben" (Kowarik 2010: 13) definiert; unter die Bezeichnung Neobiota, ‚gebietsfremd' oder ‚nichteinheimisch' fallen entsprechend Arten, die erst nach 1492 durch menschliche Mitwirkung ein neues Gebiet erreicht haben (ebd.). In diesem Verständnis werden Neophyten als nicht ‚einheimische' Pflanzen, Neozoen als nicht ‚einheimische' Tiere klassifiziert.

[2] [Link: https://cdn.afd.tools/sites/137/2019/11/26132622/MMD17-7906.pdf ;03.03.2020]. Gefordert wird darin u.a. die Aufhebung der Schonzeiten für ‚invasive' Arten und die Forcierung der flächendeckenden Bejagung ‚invasiver' Neozoen.

[3] [Link: https://afd-fraktion.nrw/2017/12/22/massnahmen-gegen-invasive-neobiota-2/ ;03.03.2020, Hervorh. d. Verf.]

beworben. In den Formulierungen zu ‚ökologischen Problemstellungen' werden hier naturalisierende (Rück)Übertragungen auf menschliche Gesellschaften vorgenommen und so ‚fremde' Natur/en und ‚fremde' Menschen gleichermaßen problematisiert und abgewertet (vgl. Eser 2016). ‚Fremde' Arten dienen dabei als Projektionsfläche gesellschaftlicher Werturteile auf Natur (vgl. Eser 1999). In dieser Lesart lässt sich die Abwertung ‚fremder' Natur/en symbolisch als strukturell analog zu rassistischen Argumentationen interpretieren (vgl. Kirchhoff 2015: 31).[4] Die Anschlussfähigkeit völkischer Ideologie und rechter Argumentationen an das Konzept ‚biologischer Invasionen' – auch und insbesondere durch die gemeinsame Nähe zu organizistischem Denken – ist in diesem Zusammenhang bereits verschiedentlich gezeigt worden (u.a. Gröning/Wolschke-Bulmahn 2004; Kirchhoff 2015; Piechocki 2015). Gleichzeitig weisen historische Arbeiten darauf hin, dass Antifeminismus insbesondere in Deutschland eng mit völkischer Ideologie zusammenhängt (vgl. Blum 2019: 117). Ob und inwiefern in der Abwertung 'fremder' Natur/en auch Projektionen antifeministischer Denkfiguren wirksam sind, ist demgegenüber bisher nicht analysiert bzw. nicht explizit benannt worden.

Antifeminismus wird im Kern als „Gegenbewegung zu emanzipatorischen Gesellschaftsveränderungen, insbesondere hinsichtlich des Geschlechterverhältnisses" (ebd.: 114) verstanden. Durch den Bezug auf biologistische und teilweise religiöse Argumentationen konstruieren und idealisieren antifeministische Akteur*innen die vermeintliche Natürlichkeit und Ursprünglichkeit vergangener Geschlechterverhältnisse (vgl. ebd.: 115). Dementsprechend wird ihrerseits „jede Verunsicherung eines als binär und natürlich konstruierten Geschlechterverhältnisses" (ebd.: 114) zurückgewiesen. Antifeminismus weist dabei „als kleinster gemeinsamer Nenner für ganz unterschiedliche Akteur_innen, die sonst wenig miteinander

[4] Darüber hinaus finden sich in den Zuschreibungen auf Neobiota auch sprachliche Bilder, die Parallelen zu antisemitischen Zuschreibungen in menschlichen Gesellschaften aufweisen (Kirchhoff 2015, 30).

gemein haben“ (Mayer/Ajanovic/Sauer 2018: 37f.) ein hohes Mobilisierungspotenzial auf. Mithin entfalten antifeministische Angriffe und Diskurse weit über die Äußerungen (extrem) rechter Akteur*innen hinaus als „gesamtgesellschaftlich existierende Ideologie und Praxis, die auf einer bestimmten antiquierten Idee von Geschlechterordnung […] basiert“ (AK FE.IN 2019: 10), ihre Wirkung. Ausgehend von dieser Annahme können antifeministische Argumentationen in allen gesellschaftlichen Bereichen, bspw. auch im Naturschutz, vorgefunden und analysiert werden.

Im vorliegenden Beitrag gehe ich deshalb der Frage nach, inwiefern in den symbolischen Zuschreibungen auf ‚fremde‘ Natur/en antifeministische Denkfiguren vorgefunden werden können. Dabei nehme ich Bezug auf die Ergebnisse einer qualitativen Interviewstudie zu Naturverständnissen in Bezug auf Neobiota in zwei Gebieten ‚neuer Wildnis‘[5], die ich im Rahmen meines Dissertationsvorhabens durchgeführt habe.[6] Theoretisch nähere ich mich der Untersuchung der Konstruktion ‚fremder‘ Natur/en dabei aus der Perspektive der Sozialen Ökologie sowie der Geschlechterforschung.

2. Wie hängen Natur- und Geschlechterverhältnisse zusammen?

Eine wesentliche Erkenntnis feministischer Naturwissenschaftskritik (vgl. Merchant 1994 [1987]; Harding 1990; Keller 1995) unterstreicht, dass Naturvorstellungen als von den jeweils vorherrschenden Vorstellungen von Gesellschaft geprägt und mithin als sozial

---

[5] Unter dem Begriff ‚neue Wildnis‘ werden Natur/en gefasst, die in der Vergangenheit stark anthropogen überformt und genutzt worden sind und sich nun – aus der Nutzung entlassen – möglichst ‚frei‘ und ungestört von menschlichen Eingriffen entwickeln. Dazu zählen bspw. Bergbaufolgelandschaften, Stadtbrachen und Truppenübungsplätze. (vgl. Kowarik 2017; Hofmeister 2008).

[6] Die empirische Untersuchung wurde im Rahmen des Verbundforschungsprojekts 'Caring for natures? Geschlechterperspektiven auf (Vor)Sorge im Umgang mit ‚Natur/en‘' – gefördert durch das Niedersächsische Ministerium für Wissenschaft und Kultur (MWK) – durchgeführt. Details zu den Methoden und Untersuchungsgebieten sowie weitere Ergebnisse siehe Kapitza/Hofmeister (2020).

konstruiert zu betrachten sind (Weber 2007: 17). Denn „[s]o, wie man sich Gesellschaft [...] erklärt, blickt man auch auf Natur und erkennt die herrschende gesellschaftliche Ordnung als natürlich“ (ebd.). Daraus resultiert, dass Naturvorstellungen „nicht einfach aus der ‚Natur‘ ablesbar“ sind, sondern „in einer jeweiligen Kultur entlang ihrer Normen hergestellt“ werden (ebd.: 18). Diese Erkenntnis hat für die naturwissenschaftliche Forschung, in erster Linie die Ökologie, aber auch für die Geschlechterforschung weitreichende Konsequenzen. Denn

> [s]owohl gesellschaftliche Natur- als auch gesellschaftliche Geschlechterverhältnisse zeichnen sich durch wechselseitige Beziehungen aus, in denen Gesellschaften Natur gestalten und die Materialität und Produktivität von Natur wiederum Gesellschaften prägt. (Friedrich 2011: 418)

Dies wirft die Frage auf, *auf welche Art und Weise* Geschlechterverhältnisse und gesellschaftliche Naturverhältnisse vermittelt sind (u.a. Hofmeister/Katz/Mölders 2013; Schultz et al. 2006). Einerseits wird in den Auseinandersetzungen um die Vermitteltheit von ‚Natur‘ und ‚Geschlecht‘ herausgestellt und kritisiert, dass bei der Konstruktion von ‚Geschlecht‘ – und zwar insbesondere von ‚Weiblichkeit‘ – eine Bezugnahme auf ‚Natur‘ stattfindet, die zur Naturalisierung sozialer Differenzen führt (Mölders 2015: 161). Andererseits entsteht durch die Gleichartigkeit der Bedeutungszuschreibungen auf ‚Frauen‘ und ‚Natur‘ – beide werden auf die gleiche Weise idealisiert bzw. abgewertet – ein „sich wechselseitig stabilisierendes Unterordnungsverhältnis“ (ebd.) zwischen den Kategorien ‚Natur‘ und ‚Weiblichkeit‘. Diese Gleichartigkeit in der Abwertung und Idealisierung von ‚Natur‘ und ‚Weiblichkeit‘– so meine These – ist in ganz ähnlicher Weise in antifeministischen Diskursen zentral: nämlich dann, wenn Geschlechterverhältnisse naturalisiert, eindeutige

Zuschreibungen vermeintlich ‚natürlicher' Geschlechterkonstruktionen vorgenommen und Abweichungen von diesem Ideal als ‚nicht-natürlich' abgewertet und angegriffen werden.[7]

Eine zweite wesentliche Erkenntnis in Bezug auf die Frage nach der Vermitteltheit von Natur- und Geschlechterverhältnissen adressiert die Prozesshaftigkeit und Gleichzeitigkeit der Herstellung von ‚Natur' und ‚Geschlecht' im Sinne eines ‚doing gender – doing nature' (vgl. Katz 2011). In diesem Prozess stabilisieren sich die Konzeptionen von ‚Natur' und ‚Weiblichkeit' „als machtvolle diskursive Normen" und festigen so „eine binär hierarchisch angelegte symbolische Ordnung" (Katz/Mölders 2013: 274). Dies zeigt sich bspw. darin, dass ‚Natur' – ebenso wie ‚Weiblichkeit' – „für das als ‚männlich aufzufassende Subjekt ein ‚Anderes'" darstellt, „von dem es sich abgrenzt und so seine Identität erschafft" (Mann 2011: 37). Durch diese Abgrenzung sowie die Abwertung oder Idealisierung von Eigenschaften, die ‚Natur' und/oder ‚Weiblichkeit' – also mithin dem ‚Anderen' – zugeschrieben werden, festigen sich patriarchale Strukturen – ähnlich wie durch antifeministische Angriffe und Diskurse als ‚nicht-natürlich' identifizierte Geschlechteridentitäten und -verhältnisse abgewertet und hierarchische Geschlechterordnungen reproduziert und verfestigt werden.

3. Antifeministische Denkfiguren in der Konstruktion ‚fremder' Natur/en

In der Konstruktion und Bewertung ‚fremder' Natur/en werden Zuschreibungen wirksam, die – so meine These – strukturelle Parallelen zu zentralen Argumentationen bzw. Strategien antifeministischer Akteur*innen aufweisen. Im Folgenden zeichne ich einige die-

[7] Klassische differenz-feministische Positionen stimmen mit antifeministischen Argumentationen zwar insofern überein, dass sie „geschlechter-dekonstruktive Ansätze zugunsten eines Feminismus, der einzig und allein das Subjekt ‚Frau' kennt" (Lang/Peters 2018: 17) ablehnen; sie unterscheiden sich jedoch „in einer vom modernen Antifeminismus behaupteten Wesenhaftigkeit von Geschlecht" (ebd.).

ser Verbindungslinien nach und arbeite – auch anhand eigener Forschungsergebnisse – Parallelen zu antifeministischen Denkfiguren in der Konstruktion ‚fremder' Natur/en heraus.

3.1 ‚Fremde' Natur/en als Irritation und Bedrohung der ‚natürlichen' Ordnung

In der Forschung zu Antifeminismus herrscht Einigkeit darüber, dass antifeministische Angriffe und Diskurse in Zeiten gesellschaftlicher Veränderungen, insbesondere in Bezug auf Geschlechterverhältnisse, erstarken (vgl. Blum 2019: 112). Da Geschlechterverhältnisse stets dynamisch und von Wandel und Veränderung geprägt sind, stehen Antifeminist*innen mit ihrer starren Vorstellung einer ‚natürlichen' Geschlechterordnung in „einem ständigen Widerspruch zur gesellschaftlichen Realität" (ebd.: 99). Antifeminismus wendet sich deshalb explizit gegen „jede Verunsicherung eines als binär und natürlich konstruierten Geschlechterverhältnisses" (ebd.: 114) und mithin gegen die Irritation einer als ‚natürlich' konzipierten Ordnung. Ein vergleichbares Maß an Veränderung lässt sich aktuell auch in Bezug auf Dynamiken gesellschaftlicher Naturverhältnisse feststellen: einst als ‚natürlich', ‚heimisch' und statisch idealisierte Landschaften und Ökosysteme unterliegen starken und zum Teil unumkehrbaren Veränderungsprozessen, bspw. durch den Eintrag von Nährstoffen, Klimawandel und/oder das Vorkommen von Neobiota. Diese materiell-physischen Veränderungen führen zu einer Irritation dessen, was als ‚natürlich' gesetzt wird.

In meiner eigenen Forschung zeigt sich in den symbolischen Zuschreibungen auf ‚fremde' Natur/en eine durchaus ambivalente Wahrnehmung eben jener Irritation einer vermeintlich ‚natürlichen' Ordnung. Ein*e Interviewpartner*in spricht bspw. positiv, nahezu bewundernd von der Ausbreitung einer ‚gebietsfremden' Maronenart in Berlin:

> Die kommen aus Nordamerika, die sind hier eingeschleppt worden, sozusagen […] damit sie hier bei uns auf den Friedhöfen still und sittsam sind. Und da siehst du […] plötzlich,

dass sie da wild wachsen wollen. Die wollen ihre Freiheit haben. (I20: 367-371)[8]

Neobiota werden hier zur Projektionsfläche (de)kolonialer Machtverhältnisse[9], ihre unkontrollierte Ausbreitung wird als Widerstand gegen ehemalige koloniale Machtstrukturen sowie gegen die Domestizierung bzw. Exotisierung ‚fremder' Natur/en interpretiert. In dieser Lesart erweisen sich Neophyten in Bezug auf patriarchale bzw. koloniale Machtstrukturen als widerständig: ‚fremde' Natur/en sind hier unkontrolliert, frei, wild(wachsend) und aktiv – Eigenschaften, die sowohl in Bezug auf ‚Natur' als auch in Bezug auf ‚Weiblichkeit' als emanzipativ wahrgenommen werden können.

Eben jene Eigenschaften können jedoch auch negativ interpretiert und sowohl in Bezug auf die Konstruktion von ‚Natur' als auch in Bezug auf die Konstruktion von ‚Weiblichkeit' als Kontrollverlust für das als ‚männlich' aufzufassende Subjekt wahrgenommen werden (vgl. Mann 2011). Insbesondere ‚invasive' Neobiota symbolisieren dabei „die bedrohliche Erfahrung des Kontrollverlusts", da dort, „wo Neophyten gedeihen", „vertraute Landschaft ihren Bewohnern fremd" wird, sich „die Sehnsucht nach Unberührtheit als Illusion" und „(Trieb)Natur als unkontrollierbar" erweist (Eser 2017: 12). In meiner eigenen Forschung finden sich zahlreiche Beispiele für Gefühle der Ohnmacht und des Kontrollverlustes in Bezug auf das Auftreten ‚fremder' Arten. So berichtet ein*e Interviewpartner*in: „Es hilft ja auch nichts, es ist schon zu spät. Das

---

8 Die Interviews wurden anonymisiert und fortlaufend nummeriert (I1-I22). Das Kürzel (I20: 330-336) verweist auf das Transkript von Interview 20, Zeile 330 bis 336.

9 Die Analyse des Diskurses um Neobiota und ‚biologische Invasionen' aus Perspektive Postkolonialer Theorie scheint aus mehreren Gründen lohnenswert: so ist die Verbreitung ‚fremder' Natur/en als Teil eines „ökologischen Imperialismus" untrennbar mit der europäische Kolonialgeschichte verwoben (Crosby 1991). Gleichzeitig beruht der koloniale Diskurs essentiell auf der (gewaltvollen) Konstruktion des „ausnahmslos Anderen" als „notwendiger Bestandteil der Konstruktion eines souveränen, überlegenen, europäischen Selbst" (Castro Varela/Dhawan 2015: 22).

Kind ist schon in den Brunnen gefallen. Wie soll man denn eingreifen? Das wäre ja nur ein Tropfen auf den heißen Stein" (I1: 306-310). Die eigene Erfahrung von Machtlosigkeit und Kontrollverlust führt nicht selten zur Resignation in Bezug auf die Ausbreitung von Neobiota:

> Wir kriegen es so oder so nicht hin. Ob ich da jetzt hinterherrenne wie Don Quijote, oder nicht, ist völlig egal. Sie sind da, und wer meint, dass er es [...] hinbekommt, Neophyten und Neozoen zurückzudrängen, zu minimieren oder ganz und gar wieder aus dem Ökosystem rauszukriegen, der ist weltfremd. (I11: 1287-1294)

In der Forschung zu Antifeminismus werden Erklärungsansätze ebenfalls im Motiv des Kontrollverlusts bzw. in der Angst vor dem eigenen Statusverlust (von Männern*) gesucht (vgl. Blum 2019: 104). Antifeminismus wird als Bewältigungsstrategie dargestellt, um mit Gefühlen der Unsicherheit umzugehen (vgl. ebd.: 97), da die Vorstellung starrer Geschlechtsidentitäten, die keine Übergänge erlaube, antifeministischen Akteur*innen eine „(Pseudo-)Sicherheit" vermittle (Stögner 2014: 46). Insbesondere von rechtsextremen und rechtskonservativen Akteur*innen wird diese Angst vor Kontrollverlust und dem ‚Fremden' häufig mit völkischen Untergangsszenarien und rassistischen Argumenten, bspw. mit einer angeblich demografischen Bedrohung des ‚Volkes' und dem „Ende der autochtonen Bevölkerung" verbunden (Mayer/Ajanovic/Sauer 2018: 54). Denkfiguren des völkischen Antifeminismus finden sich in der Abwertung ‚fremder' Natur/en, insbesondere dann, wenn im organizistischen Denken ein Generalverdacht der Bedrohung vermeintlich unberührter ‚heimischer' Natur durch Neobiota konstruiert wird (vgl. Kirchhoff 2015).

3.2 (Wieder-)Aneignung von Kontrolle über Frauen* und ‚Natur'

Als zentrale Strategie antifeministischer Mobilisierung gilt der Versuch, „Aufbrüche und Veränderungen im Geschlechterverhältnis rückgängig zu machen" (Blum 2019: 19) und dabei „die Errungenschaften des Feminismus, also die bisher erreichte Kontrolle von Frauen über ihre eigenen Körper und ihr eigenes Leben, zu verunglimpfen und zurückzudrängen" (Achtelik 2018: 117). Der Versuch der (Wieder-)Aneignung von Kontrolle wird von Antifeminist*innen diskursiv über die Naturalisierung von sozialen Verhältnissen in einer vermeintlich ‚natürlichen', binären Geschlechterordnung vorgenommen. So werden von antifeministischen Akteur*innen bspw. Heterosexualität und eine konservative Definition von Ehe und Familie als „natürlich und für die Gesellschaft notwendige Form des Zusammenlebens" dargestellt, sexuelle Abweichungen von dieser Norm sowie „moderne Formen der Erziehung und Partner_innenschaft [...] als widernatürlich diskriminier und pathologisiert" (Culina 2018: 97).

Parallel zum Antifeminismus, der als das „Festhalten an vergangenen Geschlechterverhältnissen [...] und als Versuch, die als idyllisch imaginierte Vergangenheit wieder zu erreichen" (Blum 2019: 114) beschrieben wird, kann die pauschale Abwertung ‚fremder' Natur/en als Festhalten an vergangenen gesellschaftlichen Naturverhältnissen interpretiert werden. Im Umgang mit Neobiota im Naturschutz werden bspw. Pflegemaßnahmen wirksam, die der Wiederherstellung und Stabilisierung der Konstruktion idealisierter und ‚vergangener' gesellschaftlicher Naturverhältnisse dienen. Dies zeigt sich auch in meiner eigenen Forschung: In den untersuchten Gebieten werden Neophyten insbesondere dann wertgeschätzt und akzeptiert, wenn sie ‚gezähmt' bzw. unter Kontrolle sind:

> „Es gibt zum Beispiel einen Essigbaum in dem Bereich, der malerisch und sehr schön aussieht. Aber [er] hat eben die Eigenschaft, unterirdische Ausläufer zu bilden. Wenn wir da nicht eingreifen würden, dann wäre das ein Essigbaumwald." (I14: 128-136)

Der Essigbaum (*Rhus typhina*) wird hier sittlichen Normen unterworfen, die seine unkontrollierte Ausbreitung abwerten. Neophyten gelten dann als Teil der spezifischen Eigenart der ‚Natur', wenn sie bestimmten ästhetischen Wertvorstellungen entsprechen, vereinzelt auftreten und isoliert bleiben, sich domestizieren und kontrollieren lassen. Ähnliches zeigen die Zuschreibungen auf den Götterbaum (*Ailanthus altissima*):

> Hier ist eine Gruppe mit Götterbaum [...], die ist freigestellt worden, [...] als architektonisches Element. Alle anderen Pflanzen sind entfernt worden, [...] um diese schöne Gruppe [...] zu erhalten und zu zeigen. Jetzt hat der Götterbaum natürlich die Eigenschaft mit Wurzelausläufern immer wieder hochzukommen, da geh[en wir] ran, mit Pflegemaßnahmen. Entweder wird abgeflammt oder rausgerissen, die jungen kleinen Pflanzen, die sich ansonsten in die Breite, in die Fläche ausdehnen würden. (I14: 460-471)

Auch hier wird deutlich, dass ‚fremde' Natur/en dann akzeptiert werden, wenn sie schön, „still und sittsam" (I20: 369) sind und kaum eigene Ansprüche geltend machen. Damit werden in Bezug auf Neobiota Eigenschaften idealisiert, die auch im Ideal von gezähmter ‚Weiblichkeit' positiv besetzt sind. Sobald sich Neobiota jedoch ausbreiten, Raum einnehmen und sich unkontrolliert, bspw. unterirdisch, vermehren, werden sie abgewertet, zurückgedrängt und bekämpft. Vor ihrer Unterwerfung gelten ‚gezähmte' Natur/en und ‚gezähmte Weiblichkeit' als „Herausforderung, die den Erfolg der Zähmung, das heißt die Bestätigung des Subjekts" (Mann 2011: 37) versprechen. Renate Mann betont, dass „je unbeherrschbarer oder unerreichbarer sie [das gilt sowohl für ‚ungezähmte' Natur/en als auch für ‚ungezähmte' Weiblichkeit, Anm. d. Verf.] zuerst sind und je gewagter der Zähmungsversuch erscheint" (ebd.), desto wertvoller sei nach ihrer Zähmung die Bestätigung für das Subjekt. Dies gilt in besonderem Maße auch für Neobiota, da sie – als Teil der ‚ungezähmten', unkontrollierten und ‚wilden' Natur – als *‚Andere'* wahrgenommen werden, welche die Souveränität des einzelnen Subjekts in Frage stellen und mithin zur Herausforderung werden können, an dem das Subjekt sich beweisen muss (vgl. ebd.: 38).

4. Antifeminismus und Naturschutz?

Im vorliegenden Beitrag habe ich gezeigt, dass in der Konstruktion und Abwertung ‚fremder' Natur/en strukturelle Prallelen zu antifeministischen Denkfiguren vorgefunden werden können. Dies mag zum einen auf eine geteilte konservative Werthaltung im Antifeminismus und im Naturschutz sowie auf das gemeinsame Ziel der Konservierung (oftmals) starrer Natur- und Geschlechterverhältnisse zurückzuführen sein. Zum anderen liegen die strukturellen Parallelen der Abwertung ‚fremder' Natur/en zu antifeministischen Denkfiguren in der Gleichartigkeit der Bedeutungszuschreibungen auf ‚Frauen' und ‚Natur' begründet: die Idealisierung ‚heimischer' und ‚gezähmter' Natur (bzw. ‚Weiblichkeit') und – in Abgrenzung dazu – die Abwertung des ‚Fremden' und ‚Unkontrollierten' sind sowohl zentrale Motive organizistischer Naturauffassungen wie des (völkischen) Antifeminismus. Im Verständnis von ‚Natur' und ‚Geschlecht' als sich wechselseitig stabilisierendes Unterordnungsverhältnis vermag die Abwertung ‚fremder' Natur/en und unkontrollierter ‚Weiblichkeit' so diskursiv als Stabilisierung binärer und hierarchisierender symbolischer Trennungen zu wirken und damit der Festigung essenzialistischer Auffassungen von ‚Natur' und ‚Geschlecht' Vorschub zu leisten. Dies zeigt, dass auch ökologische Konzepte und naturschutzfachliche Debatten einer kritischen Analyse und geschlechtertheoretischen Dekonstruktion bedürfen. Wichtig ist es, herauszustellen, dass die unumkehrbaren Veränderungen und z.T. unerwünschten Folgen, welche die Ausbreitung von Neobiota für 'Natur' und Gesellschaft mit sich bringen können, dadurch nicht relativiert werden sollen. Ziel dieses Beitrags ist es vielmehr aufzuzeigen, dass das Sprechen über Neobiota und die Konstruktion ‚fremder' Natur/en durch die Projektion gesellschaftlicher Werturteile auf Natur/en symbolisch aufgeladen ist. Deshalb zeigen sich in diesen Debatten Denkfiguren, die strukturelle Parallelen zu rassistischen und antifeministischen Abwertungen aufweisen, welche sich analog auch im Sprechen über Gesellschaften finden. Es bleibt die Aufgabe kritischer Wissenschaftler*innen sowie Akteur*innen des Naturschutzes, sich dieser strukturellen Parallelen bewusst zu werden, sie transparent zu machen und sich nach Möglichkeit davon abzugrenzen.

Literatur

Achtelik, Kirsten (2018): Für Föten und Werte. Die „Lebensschutz"-Bewegung in Deutschland. In: Lang, Juliane/Peters, Ulrich (Hrsg.): Antifeminismus in Bewegung. Aktuelle Debatten um Geschlecht und sexuelle Vielfalt. Hamburg, 117-138.

AK FE.IN (Autor*innenkollektiv „Feministische Intervention") (Hrsg.) (2019): Frauen*rechte und Frauen*hass. Antifeminismus und die Ethnisierung von Gewalt. Berlin.

Blum, Rebekka (2019): Angst um die Vormachtstellung. Zum Begriff und zur Geschichte des deutschen Antifeminismus. Hamburg.

Castro Varela, María do Mar/Dhawan, Nikita (2015): Postkoloniale Theorie. Eine kritische Einführung. Bielefeld.

Crosby, Alfred W. (1991): Die Früchte des weißen Mannes. Ökologischer Imperialismus 900–1900. Frankfurt/Main, New York.

Culina, Kevin (2018): Verschwörungsdenken, Antifeminismus, Antisemitismus. Die Zeitschrift Compact als antifeministisches Diskursorgan. In: Lang, Juliane/Peters, Ulrich (Hrsg.): Antifeminismus in Bewegung. Aktuelle Debatten um Geschlecht und sexuelle Vielfalt. Hamburg, 91-116.

Dohm, Hedwig (1902): Die Antifeministen. Ein Buch der Verteidigung. Berlin.

Eser, Uta (1999): Der Naturschutz und das Fremde. Ökologische und normative Grundlagen der Umweltethik. Frankfurt/Main.

Eser, Uta (2016): Strangers in paradise. How culture shapes attitudes towards introduced species. In: Krumm, Frank/Vítková, Lucie. (Hrsg.): Introduced tree species in European forests: opportunities and challenges. European Forest Institute: 58-67.

Eser, Uta (2017). „Projektionsfeld fremde Arten: Was lässt Neophyten als Problem erscheinen?" *AFZ-Der Wald. Allgemeine Forstzeitschrift für Waldwirtschaft und Umweltvorsorge* 9/2017: 11-12.

Friedrich, Beate (2011). „Gesellschaftliche Natur- und Geschlechterverhältnisse. Die Ansätze von Adelheid Biesecker/ Sabine Hofmeister und Frigga Haug", *Das Argument* 292: 413-420.

Gröning, Gert/Wolschke-Bulmahn, Joachim (2004). “The native plant enthusiasm: Ecological Panacea or xenophobia?” *arnoldia* 62(4): 20-28.
Forchtner, Bernhard (2020) (Hrsg.): The far right and the environment. Politics, discourse and communication. London.
Harding, Sandra (1990): Feministische Wissenschaftstheorie. Zum Verhältnis von Wissenschaft und sozialem Geschlecht. Hamburg.
Hofmeister, Sabine (2008). „Verwildernde Naturverhältnisse. Versuch über drei Formen der Wildnis“, *Das Argument* 279: 813-826.
Hofmeister, Sabine/Katz, Christine/Mölders, Tanja (Hrsg.) (2013): Geschlechterverhältnisse und Nachhaltigkeit. Die Kategorie Geschlecht in den Nachhaltigkeitswissenschaften. Opladen.
Jahn, Thomas/Wehling, Peter (1991): Ökologie von rechts. Nationalismus und Umweltschutz bei der Neuen Rechten und den Republikanern. Frankfurt/Main.
Kapitza, Katharina/Hofmeister, Sabine (2020) „‚Wuchernde Stadt‘ und ‚gezähmte Wildnis‘: Sozial-ökologische Perspektiven auf die Inszenierung von ‚Wildnis‘ im Natur-Park Schöneberger Südgelände“, *sub\urban* 8(1-2): 35-54.
Katz, Christine (2011): Im Wald: Doing Gender while Doing Nature. Geschlechteraspekte der Gestaltungspraktiken eines Naturraums. In: Scheich, Elvira/Wagels, Karen (Hrsg.): Körper. Raum. Transformation. Gender-Dimensionen von Natur und Materie. Münster, 176-197.
Katz, Christine/Mölders, Tanja (2013): Schutz, Nutzung und nachhaltige Gestaltung. Geschlechteraspekte im Umgang mit Natur. In: Hofmeister, Sabine/Katz, Christine/Mölders, Tanja (Hrsg.): Geschlechterverhältnisse und Nachhaltigkeit. Die Kategorie Geschlecht in den Nachhaltigkeitswissenschaften. Opladen, 269-285.
Keller, Evelyn Fox (1995): Geschlecht und Wissenschaft. Eine Standortbestimmung. In: Orland, Barbara/Scheich, Elvira (Hrsg.): Das Geschlecht der Natur. Frankfurt/Main, 64-91.
Kirchhoff, Thomas (2015): Naturschutz und rechtsextreme Ideologien. Abgrenzung im Hinblick auf das Ideal landschaftlicher Eigenart. In: Bundesamt für Naturschutz (Hrsg.): Naturschutz und Rechtsradikalismus. Gegenwärtige Entwicklungen, Probleme, Abgrenzungen und Steuerungsmöglichkeiten. Bonn, Bad Godesberg, 394: 22-37.

Kowarik, Ingo (2010): Biologische Invasionen. Neophyten und Neozoen in Mitteleuropa. 2. Auflage. Stuttgart.
Kowarik, Ingo (2017): Stadtnatur und Wildnis. Stadtnatur, Wildnis, Ökosystementwicklung, *Geographische Rundschau* (5): 12-17.
Lang, Juliane/Peters, Ulrich (2018): Antifeminismus in Deutschland. Einführung und Einordnung des Phänomens. In: Lang, Juliane/Peters, Ulrich (Hrsg.): Antifeminismus in Bewegung. Aktuelle Debatten um Geschlecht und sexuelle Vielfalt. Hamburg, 13-35.
Mann, Renate (2011): Gezähmt, wild und unerreichbar. Typische Gedankenbilder über Frauen und Natur. In: ANL/ Bayerische Akademie für Naturschutz und Landschaftspflege (Hrsg.): Landschaftsökologie. Grundlagen, Methoden, Anwendungen. Laufen/Salzach, 36–40.
Mayer, Stefanie/Ajanovic, Edma/Sauer, Birgit (2018): Kampfbegriff ‚Gender-Ideologie'. Zur Anatomie eines diskursiven Knotens. Das Beispiel Österreich. In: Lang, Juliane/Peters, Ulrich (Hrsg.): Antifeminismus in Bewegung. Aktuelle Debatten um Geschlecht und sexuelle Vielfalt. Hamburg, 37-59.
Merchant, Carolyn (1994) [1987]: Der Tod der Natur. Ökologie, Frauen und neuzeitliche Naturwissenschaft. München.
Mölders, Tanja (2015): Naturschutz, Landnutzung und Geschlechterverhältnisse – theoretische Orientierungen und politische Befunde. In: Katz, Christine/Heilmann, Sebastian/Thiem, Anja/Moths, Katharina/Koch, Lea M./Hofmeister, Sabine (Hrsg.): Nachhaltigkeit anders denken. Wiesbaden u.a., 159-168.
Piechocki, Reihard (2015): Fremdenfeindlichkeit im Naturschutz? Zur Problematik heimischer und fremder Arten. In: Bundesamt für Naturschutz (Hrsg.): Naturschutz und Rechtsradikalismus. Gegenwärtige Entwicklungen, Probleme, Abgrenzungen und Steuerungsmöglichkeiten. Bonn, Bad Godesberg 394, 38–53.
Schultz, Irmgard/Hummel, Diana/Hayn, Doris (2006): Geschlechterverhältnisse. In: Becker, Egon/Jahn, Thomas (Hrsg.): Soziale Ökologie. Grundzüge einer Wissenschaft von den gesellschaftlichen Naturverhältnissen. Frankfurt am Main/New York, 224-235.

Stögner, Karin (2014): Antisemitismus und Sexismus. Historisch-gesellschaftliche Konstellationen. Interdisziplinäre Antisemitismusforschung/Interdisciplinary studies on antisemitism, Bd. 3. Baden-Baden.
Weber, Ivana (2007): Die Natur des Naturschutzes. Wie Naturkonzepte und Geschlechtskodierungen das Schützenswerte bestimmen. München.

Antifeminismus als Bestandteil der Einflussnahme von rechten Akteur*innen im Umwelt- und Naturschutzbereich

Ergebnisse einer Online-Befragung von Umweltverbänden durch diversu e.V.

Daniela Gottschlich und Christine Katz

1. Einleitung

Antifeminismus in seinen verschiedenen Erscheinungsformen kann als Gegenreaktion auf emanzipatorische Kämpfe und Errungenschaften gewertet werden. Sein Ziel ist es, die patriarchale Ordnung beizubehalten, in der geschlechtsspezifisch zugewiesene, hierarchisch verfasste Rollen weiterhin ihre Gültigkeit haben. Wenngleich Antifeminismus als Strategie nicht nur von Akteur*innen der extremen Rechten genutzt wird, so gilt doch, dass antifeministische und rechte Diskursstrategien eng miteinander verwoben sind (vgl. Sigl i. d. Bd.; AK Fe.In 2019). Extrem rechte Positionen sind in der Regel nie frei von Antifeminismus. Antifeminismus erfüllt dabei eine wichtige Scharnierfunktion ins konservative Lager (vgl. Schutzbach 2019: o. S.). Denn die Kritik an der gesellschaftlichen Anerkennung der Pluralisierung von Lebensentwürfen und Geschlechtsidentitäten bildet einen Nenner, auf den sich extrem rechte Parteien, Identitäre Bewegungen, christliche Fundamentalist*innen, Abtreibungsgegner*innen und auch einige Konservative einigen können (ebd.; vgl. auch Mayer/Goetz 2019). Mit antifeministischer Rhetorik ist es der extrem Rechten möglich, sich gegen Gleichheit auszusprechen, ohne sich explizit rassistisch zu äußern (vgl. Schutzbach 2019: o. S.). Ein gängiges antifeministisches Narrativ im deutschsprachigen Raum ist der Vorwurf an Feminist*innen, verantwortlich für den Rückgang der autochthonen Bevölkerung zu sein: Ihre Propaganda führe dazu, dass Frauen, statt Kinder zu gebären, nun der eigenen Karriere den Vorzug geben würden, während Migrant*innen mehr und mehr Kinder bekämen (vgl. Goetz 2020). Die als Sorge um den Nachwuchs getarnte rassistische Bevölkerungspolitik findet sich auch im Umwelt- und Naturschutzdiskurs wieder. Antifeminismus und Nativismus, also die Ablehnung von Zuwanderung und die Bekämpfung von Ansprüchen ‚fremder' Minderheiten tauchen in rechten Naturschutzargumentationen nicht nur immer wieder auf, sondern werden in diesen Diskursen auch gestärkt: Etwa durch die Betonung der Relevanz der autochthonen Natur als Grundlage für ein ‚gesundes Volk', durch die Forderung nach einer Reinheit von Sorten und durch die Rückbesinnung auf vermeintlich durch die Natur vorgegebene Grenzen und Möglichkeiten (vgl. Kapitza i. d. Bd.). All dies insinuiert einen Rekurs auf die Sinnhaftigkeit naturgegebener Arbeits- und Aufgabenteilung: Frauen in ihrer Funktion als Hausfrau und Mutter, Männer als Familienernährer.

Die Tatsache, dass es mittlerweile in allen ökologischen Handlungsfeldern rechte Aktivitäten und Einflussnahme gibt – rechtsextreme Akteur*innen protestieren gegen Biodiversitätsverlust und Gentechnik, engagieren sich für Landschafts- und Tierschutz, betreiben ökologische Landwirtschaft, haben Interesse an nachhaltigen Energie- und Mobilitätskonzepten, an veganer Ernährung und fordern regionale Wirtschaftskreisläufe (kritisch dazu z. B. Geden 1999; Franke 2011; Staud 2015; Farn 2018, 2019) – hat diversu e.V. zum Anlass genommen, Umweltschutz von rechts genauer zu analysieren.

Denn Naturschutz als Handlungs- und Argumentationsfeld wird von rechter Seite nicht nur neu, sondern vielmehr wiederentdeckt. Rechtsextreme Akteur*innen[1] beziehen sich dabei auf die Anfänge des Naturschutzes, die im Heimatschutz liegen, und die bei weitem

---

[1] Die Begriffe ‚rechts' und ‚rechtsextrem' werden im Folgenden weitestgehend synonym verwendet, weil eine Abgrenzung oft schwierig ist und Positionen verschiedener Akteur*innen des rechten Spektrums ineinander übergehen, aufeinander verweisen und aneinander anschließen. Beim Begriff des Rechtsextremismus beziehen wir uns auf die Definition von Samuel Salzborn (2018).

nicht so progressiv und liberal waren, wie gemeinhin angenommen wird: „Die Wurzeln des Naturschutzes reichen weit in die Zeit der deutschen Romantik zurück, dabei sind sowohl demokratische als auch autoritär-völkische Traditionslinien im Naturschutz angelegt“ (Wiersbinski et al. 2015: 7). Neben ihres identitätsstiftenden Moments sind Umwelt- und Naturschutzthemen für rechte Gruppen zudem interessant, weil sie einen Imagegewinn bedeuten. Mit ihnen können rechtsextreme Akteur*innen durchaus Sympathien gewinnen und erscheinen anschlussfähig an wichtige gesellschaftliche Anliegen. Strategisch nutzen rechte Akteur*innen Natur- und Umweltschutzthemen, um ihre rassistischen und völkischen Ideologien in die Mitte der Gesellschaft zu bringen. Über das konkrete Engagement in lokalen Naturschutzinitiativen oder bei Protestkampagnen besteht für rechte Akteur*innen die Möglichkeit, sich potenziellen Sympathisant*innen und Wähler*innengruppen durch das gemeinsame Tun zu nähern. Nicht zuletzt wollen völkische Siedler*innen und rechte Ökos

> mit ihren Familien auch ihre völkisch-nationalistische Weltanschauung praktisch leben, ihre Kinder in der Natur und in ihrem Geiste erziehen, Brauch- und Volkstum wiedererwecken und oft Naturreligiosität ausleben.
> (Röpke/Speit 2019: 7)

Zu dieser Weltanschauung gehört die bereits erwähnte Vorstellung einer ‚natürlichen‘ Ordnung der Geschlechter: stereotype Vorstellungen von ‚Frauen‘ und ‚Männern‘ prägen nicht nur Kleidung und Frisuren (etwa bei der Anastasia-Bewegung oder Mitgliedern der Identitären Bewegung), sondern sind verbunden mit einer Ablehnung von Lebensentwürfen, die der heteronormativen Ausrichtung von Gesellschaft zuwiderlaufen. Neonazis im Wendland z. B. züchten nicht nur alte Tierrassen, sondern sind auch der Überzeugung, dass es ebenfalls Menschenrassen gebe, die jeweils einem spezifischen Lebensraum zugeordnet seien. Für Anhänger*innen dieser ‚Blut und Boden‘-Ideologie, die von der Einheit zwischen einem rassisch definierten Volkskörper mit seinem Siedlungsgebiet ausgehen, erscheint es geradezu als ein zwingender Gedanke, „dass ein gesundes Volk auch eine gesunde Natur brauche“ (Melchert, zit. n. Staud 2015: o. S.). Naturschutz gilt also als Instrument zum Erhalt ‚der biologischen Substanz des Volkes‘; die Losung ‚Naturschutz ist Heimatschutz‘ steht für die Bekämpfung alles vermeintlich Fremden und unterstützt zentrale rechte Narrative, wie den ‚großen Bevölkerungsaustausch‘ oder die Orientierung an ‚Ethnopluralismus‘. Das heißt, wenn die extreme Rechte sich aus Überzeugung für Natur- und Umweltschutz einsetzt, dann wird damit immer zugleich ein Gesellschafts- und Menschenbild transportiert, das von völkischem Gedankengut durchtränkt, rassistisch und antifeministisch ist.

Nun ist in einer offenen Gesellschaft generell kein Bereich davor gefeit, durch antidemokratische Strömungen instrumentalisiert zu werden. Doch gerade weil das Handlungsfeld Naturschutz historisch und inhaltlich Anknüpfungspunkte für rechte Argumentationsmuster aufweist, wollte diversu e.V. wissen, welche Erfahrungen Vertreter*innen von Umwelt- und Naturschutzverbänden bisher damit gemacht haben. Im Rahmen des Projekts ‚Rechte Landnahme (ReLa)’[2] untersuchte diversu e.V. nicht nur, was diese Einflussnahme von rechter Seite für die Natur- und Umweltschutzszene bedeutet, sondern auch, was Umweltverbände gegen rechtsextreme und rechtspopulistische Vereinnahmungen tun können. Zur Beantwortung dieser Fragen führte diversu e.V. im November 2019 bei den Mitgliedsverbänden des Deutschen Naturschutzring DNR e.V. eine explorative Studie durch, um eine erste Informationsbasis darüber zu generieren, ob und wie rechte Akteur*innen und ihr völki-

---

[2] Das Projekt ‚Rechte Landnahme- Umweltschutz von rechts: Wie und wo passiert es und was können Umweltverbände gegen rechtsextreme und rechtspopulistische Vereinnahmungen tun? (ReLa)’ zielte darauf ab, zur Aufklärung, Sensibilisierung und Weiterbildung für alle beizutragen, die der rechtsextremen Einflussnahme im Natur- und Umweltschutzbereich etwas entgegensetzen wollen. Es wurde vom Umweltbundesamt und Bundesministerium für Umwelt, Naturschutz und nukleare Sicherheit gefördert. Die Mittelbereitstellung erfolgte auf Beschluss des Deutschen Bundestages.

sches Gedankengut Einfluss auf die Arbeit von Natur- und Umweltschutzverbänden nehmen. Nach antifeministischen Einstellungen und Äußerungen hatte diversu e.V. dabei nicht explizit gefragt. Die Auswertung zeigt aber, dass es Verbindungen gibt. Wenn wir im Folgenden die zentralen Ergebnisse dieser Studie[3] vorstellen, gehen wir dabei auch auf identifizierbare antifeministische Elemente ein.

2. Wie sind Umwelt- und Naturschutzszene von rechter Einflussnahme betroffen?

2.1 Online-Erhebung von Erfahrungen

Erhoben wurden die Daten anhand einer Online-Umfrage in LimeSurvey zwischen dem 01.10.2019 und dem 01.11.2019. Für die Befragung wurden Mitglieder und Vertreter*innen aller im Deutschen Naturschutzring (DNR) organisierten Verbände angeschrieben. Insgesamt wurden 437 E-Mails versendet, der Rücklauf lag mit 21% erstaunlich hoch für solcherart Erhebungen. Allerdings wurde nicht jede Frage gleichermaßen von allen bearbeitet, sodass zu den einzelnen Fragen unterschiedlich viele, meist nicht mehr als 54 Aussagen gewertet werden konnten. Gründe dafür könnten gewisse grundsätzliche Bedenken sein, sich zur Thematik Rechte Landnahme[4] deutlich zu äußern. Mit sieben Verbandsvertreter*innen, die über Hintergründe und Details zu konkreten Erlebnissen und Gegenmaßnahmen berichten konnten, wurden zusätzlich kurze Telefoninterviews geführt.

Die Ergebnisse der Umfrage repräsentieren weder die Erfahrungen aller aus den befragten Verbänden noch sind sie als ein eindeutig quantitativ messbarer Beleg für eine fortgeschrittene Gefahr der

[3] Die Studie ist als pdf-Download verfügbar unter https://www.diversu.org/wp-content/uploads/2020/06/ReLa_Ergebnisse_Online-Befragung_Juni-2020.pdf

[4] Rechte Landnahme meint Einflussnahme durch rechte und rechtsextreme Gruppen, Positionen und Ideologien auf Diskursives und Materielles (Grund und Boden, Menschen, Materialien, Organisationen, Veranstaltungen).

Rechten Landnahme zu deuten. Sie tragen jedoch u. E. zu einer intensiveren Auseinandersetzung mit dieser Thematik bei und eröffnen einen groben, aber flächendeckenden Eindruck über die derzeitige Situation der potenziellen Vereinnahmung von Umwelt- und Naturschutzverbänden in Deutschland durch rechte Ideologien und Positionen. Aus allen Bundesländern liegen Daten zur Umfrage vor.

Merkmale der befragten Verbände

Die meisten der von uns Befragten vertraten Verbände der Bundes- und Landesebene, 22% stammten aus Kreis- und 15% aus Ortsgruppen. 6% der Antwortbögen kamen von Jugendverbänden. Die deutlich meisten der Befragten ordneten sich von ihrer inhaltlich-thematischen Ausrichtung her dem Natur- und Umweltschutz (bzw. der -politik) zu (40 Nennungen), gefolgt von Verbänden, die ihren Schwerpunkt im Bereich der Naturerfahrung/Bildung für nachhaltige Entwicklung (BNE) sehen (22). 19 sind insbesondere im Freizeit und Sport aktiv, 18 verorten sich inhaltlich eher beim Thema Nachhaltigkeit und zehn fokussieren auf Fischerei, Jagd und Landwirtschaft. Zur Umweltwissenschaft ordnen sich fünf zu.

Erfahrungen mit rechter Einflussnahme

In der Umfrage wurde nach ersten Erfahrungen mit rechter Einflussnahme (intern oder extern, in welchem Kontext, wie häufig) und nach gezielter Kontaktaufnahme und Kooperationsanfragen durch rechte Gruppierungen gefragt sowie nach dem Umgang mit rechter Einflussnahme. Es interessierte diversu e.V. insbesondere, welche konkreten Umgangsstrategien in den Verbänden bereits praktiziert werden und welche weitere Unterstützung benötigt wird.

31,5% der Verbandsmitglieder, die an der Umfrage teilgenommen haben, gaben an, im Rahmen ihrer Tätigkeiten für den Verein bereits Erfahrungen mit Menschen mit rechten Ideologien gemacht zu haben.[5] Dem stehen 43,5% ohne solcherart Erfahrungen gegenüber, 25% haben sich nicht dazu geäußert. Die Erfahrungen reichen von zugeschickten Informationsmaterialien mit völkisch-ideologischer Gesinnung, rassistischen Vorfällen bei Aktionen und Exkursionen, über Mietanfragen und Debatten durch Teilnehmer*innen aus der rechten Szene auf Veranstaltungen oder an Infotischen bis hin zu konkreten Kooperationsanfragen. Inwiefern die Einflussnahme von rechts in den letzten Jahren zugenommen hat, lässt sich aus den Daten nicht ablesen. In jedem Fall scheint die Einflussnahme kein Einzelphänomen zu sein. Fast 11% der Befragten beschreiben zudem, dass ihnen Mitglieder mit rechtsideologischen Äußerungen auch im eigenen Verband aufgefallen sind. Diese Verbände verteilen sich gleichmäßig auf Bayern, Berlin, Hessen, Mecklenburg-Vorpommern, Niedersachsen, Nordrhein-Westfalen und Sachsen-Anhalt. Drei Verbände sind in allen Bundesländern tätig.

Mit wem und wo werden die Erfahrungen gemacht?

Die meisten Konfrontationen mit rechter Ideologie scheinen mit Privatpersonen im Rahmen der Naturschutzarbeit zu passieren. Genannt werden hier Besucher*innen am Infotisch, Grundstückseigentümer*innen, Teilnehmer*innen von Workshops sowie Jäger*innen. Von Erfahrungen mit Vereinsmitgliedern über deren private Posts oder in Gesprächen nebenbei handeln zehn Berichte, sechs Befragte berichten von Erfahrungen mit rechtsgerichteten Organisationen und vier von Erfahrungen mit Vertreter*innen von Institutionen oder bestimmten Berufsgruppen wie z. B. einem Busfahrer, einem Kandidaten für den Bundesvorstand eines Umweltverbandes und einem Beiratsmitglied einer Naturschutzbehörde. Von den Befragten werden Veranstaltungen (z. B. Ökomärkte, Info-Stände, Arbeitseinsätze oder Exkursionen) als die Orte genannt, an denen die Konfrontation mit rechtsideologischen und populistischen Positionen am häufigs-

[5] Dies gilt bis auf wenige Ausnahmen (Bremen, Schleswig-Holstein, Saarland, Rheinland-Pfalz) bundesweit.

ten stattfindet, gefolgt von *Social Media*. Weitere Erfahrungen werden der Umfrage nach in Gesprächen, über zugeschickte Flyer mit rechtsgerichteten Positionen sowie über Leserbriefe bzw. Zuschriften gemacht.

Fast 12% geben in den Rückantworten an, offenbar im Natur- und Umweltschutzkontext bereits Materialien mit rechtsideologischen, völkischen oder/und populistischen Bezügen erhalten zu haben, knapp 15% sind solche zumindest schon mal aufgefallen. Von gezielter Kontaktaufnahme, d. h. Kooperations- und Vernetzungsanfragen durch rechte Akteur*innen berichten 18%. Die Anfragen beziehen sich dabei auf Raummiete und die Nutzung eines Grundstücks, auf die Durchführung einer gemeinsamen Veranstaltung, auf inhaltliche bzw. strategische Kooperation bei einer Anhörung im Landtag zu Windkraft sowie auf die Einladung als Referent*in zu einem Vortrag.

2.2 Welche ökologischen Themen bieten Einfallstore für rechtsideologische Argumentationen?

Die Nachfrage nach Themen, bei denen den Befragten rechte Positionen begegnet sind, bestätigte den eingangs geschilderten Befund, dass zahlreiche Nachhaltigkeitsthemen von Migration über nachhaltige Geldanlage bis hin zu Tierschutz und Gartenbau davon betroffen sind (vgl. Abb. 1).

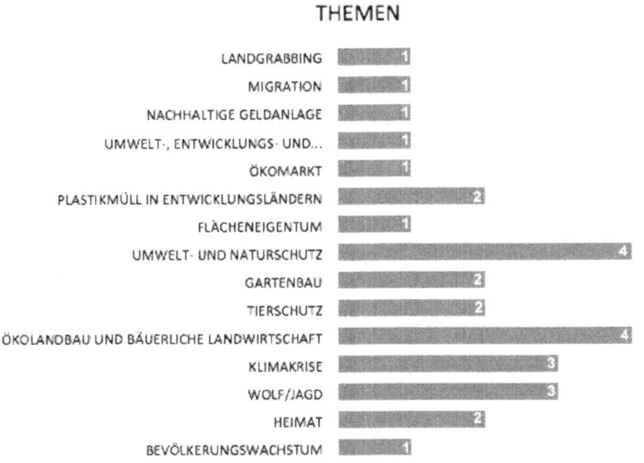

Abb. 1: Themen der rechten Einflussnahme

Die häufigsten der geschilderten Fälle (jeweils vier Nennungen) wurden im Zusammenhang mit dem Umwelt- und Naturschutz sowie dem Ökolandbau/der bäuerlichen Landwirtschaft erlebt. Rechte Argumentationen prägen auch die Auseinandersetzungen um Bevölkerungswachstum, Wolf/Jagd und Klimakrise (jeweils drei Nennungen). Exemplarisch gehen wir auf das Thema Bevölkerungswachstum genauer ein.

Beispiel Bevölkerungswachstum

Die Position, dass Bevölkerungswachstum verantwortlich für Naturzerstörung sei, dass es einen Bevölkerungsrückgang brauche und dafür Bevölkerungskontrollpolitik nötig sei, findet sich nicht nur bei Akteur*innen der extremen Rechten, sondern in zahlreichen Publikationen aus dem Themenfeld Nachhaltigkeit und in verbandsinternen Positionen, wie drei Rückmeldungen zeigen. Von feministischer Seite wurde immer wieder auf die Menschenrechtsverletzungen und damit auf die repressive Geschichte von Bevölkerungskontrollpolitik hingewiesen: So gibt es beispielsweise

> vielfältige […] Beispiele von Zwangssterilisationen an Schwarzen, Indigenen, behinderten, gefangenen oder HIV-positiven Menschen. […] Noch Ende der 1990er Jahre wurden bei einem Sterilisationsprogramm in Peru etwa 300.000, mehrheitlich arme und indigene Frauen, sterilisiert. Dies geschah oftmals ohne ihr Wissen.
> (Gottschlich/Schultz 2019: 24)

Um diese gewaltsame Dimension kritisch zu reflektieren, ist allgemein ein genereller Perspektivwechsel in der Debatte um Bevölkerungsentwicklung in der Umweltbewegung notwendig, der sich in aller Deutlichkeit von Tragfähigkeitskonzepten verabschiedet, die optimale Bevölkerungszahlen erreichen wollen und stattdessen die Aufmerksamkeit von der individuellen auf die strukturelle Ebene und damit auf die naturzerstörerischen Folgen des derzeitigen Wirtschaftssystems lenkt (vgl. Hendrixson et al. 2019). Denn rechte Akteur*innen können sonst nicht nur leicht anschließen an dieses Thema, sie nutzen es auch, um ihre nativistische, rassistische und antifeministische Botschaft zu verbreiten: Einerseits erklären sie das Bevölkerungswachstum in ‚Schwellen- und Entwicklungsländern' zum größten Problem für den Umweltschutz und wollen beispielsweise ‚Entwicklungshilfe' an strikte Bevölkerungskontrollpolitik koppeln. Andererseits fordern sie für Deutschland ‚die konsequente Förderung von kinderreichen Familien', um der angeblichen ‚Überfremdung' entgegenzuwirken und den ‚drohenden Volkstod' abzuwenden. So erschienen 2019 beispielsweise im rechten Wirtschaftsmagazin des Vereins Recherche Dresden die ‚Sieben Thesen für eine konservativ-ökologische Wende', in denen die „Überbevölkerung" als „die Mutter aller Umweltprobleme" bezeichnet wird.[6] Verfasser ist der Journalist Felix Menzel, der dem von Götz Kubitschek gegründeten rechtsextremen Institut für Staatspolitik nahesteht. Dieses Narrativ, dass die einen zu viel, die anderen zu wenig seien, gilt

6 https://recherche-dresden.de/sieben-thesen-fuer-eine-konservativ-oekologische-wende/ (Zugriff am 6.10.2020)

es entschieden zurückzuweisen. Bereits an anderer Stelle wurde darauf verwiesen, dass damit absurderweise gerade diejenigen in den Fokus von Klimaschutz und Bevölkerungspolitik geraten, die am meisten von Ressourcenverbrauch ausgeschlossen sind und am wenigsten zum Klimawandel beigetragen haben (Gottschlich/Schultz 2019: 27). Es geht um Verteilungskonflikte und Produktionsweisen, nicht um eine unzulässige Reduktion komplexer globaler Herausforderungen. Eigenverantwortlich über die Zahl der Kinder zu entscheiden, die man bekommen möchte, ist ein Menschenrecht – überall auf der Welt (vgl. Gottschlich 2006).

2.3 Wie gehen die Umweltverbände damit um?

Laut Umfrage und den qualitativen Interviews ist der Austausch über Rechte Landnahme in den Verbänden bisher eher gering ausgeprägt. Vielleicht auch deswegen, weil die Einflussnahme und Übergriffe von rechts größtenteils (noch) als handhabbar und nicht bedrohlich für die eigene Tätigkeit eingestuft werden. Dennoch haben einige der Natur- und Umweltschutzverbände inzwischen eine Reihe an Maßnahmen und Aktivitäten gegen Einflüsse von rechts entwickelt[7]. Sie setzen auf zwei verschiedenen Ebenen an:

a) … an den verbandsinternen Verhältnissen und Prozessen

Die existierenden Materialien zur *Information und Aufklärung* über Rechte Landnahme im Natur- und Umweltschutzbereich (z. B. von FARN) nutzen einige Verbände. Viele scheinen jedoch das, was es dazu an Handreichungen, Broschüren und Beratungen bereits gibt, weder zu kennen noch zu verwenden. Umweltverbandsmitglieder wissen auch häufig nicht, ob und wie sich ihr eigener Verband zur

[7] Die Auswertung der Online-Erhebung und der darin genannten Maßnahmen der Organisationen gegen rechte Einflussnahme sowie die weiterführenden Aussagen aus den zusätzlichen qualitativen Interviews bildeten die Grundlage für die Erarbeitung eines Strategieentwurfs für Natur- und Umweltschutzverbände zum Umgang mit der neuen Rechten. Das Strategiepapier „Rechte Landnahme stoppen: Was Umweltverbände gegen rechtsextreme Vereinnahmungen tun können" kann unter https://www.diversu.org/wp-content/uploads/2020/09/Strategiepapier_ReLa_Version-1.pdf heruntergeladen werden.

extremen Rechten positioniert und was dazu an Aktivitäten bereits läuft. Es bedarf also einer effektiveren Kommunikation. Neben Trainingsmaßnahmen zum Umgang mit rechten Akteur*innen halten die Verbandsvertreter*innen zudem Diversity-Schulungen zu Interkulturalität, Diskriminierung und Antirassismus für dringlich, um im Verband auf die neuen gesellschaftlichen Herausforderungen angemessen reagieren zu können.

Mit Blick auf *dialogisch orientierte Maßnahmen* gibt es in Verbänden gute Erfahrungen mit der festen Einrichtung regelmäßiger Austauschrunden zum Thema ‚Einfluss von rechts': Beim NABU z. B. haben Mitarbeiter*innen inzwischen eine Gender-/Diversity-Gruppe gegründet, mit dem Ziel, Veränderungen in der Verbandskultur anzustoßen. Die meisten Befragten halten eine direkte Gegenreaktion bei rechtslastigen Äußerungen für wichtig, bis dahin, dass sie Gespräche mit den Eltern führen, etwa wenn Kinder oder Jugendliche rechte Sprüche äußern.

Als *strukturell-rechtliche Maßnahmen* wurden in einigen der Natur- und Umweltschutzverbände Beschlüsse auf Bundes- bzw. Landesebene zur Thematik gefasst, die z. B. den Umgang mit rechtslastigen Mitgliedern oder Kooperationsanfragen von rechten Gruppierungen betreffen. Manche Verbände haben dies auch bereits in ihrer Satzung verankert. Der Mitgliedsausschluss gilt als eines der drastischsten Mittel, das auch schon vereinzelt angewendet wurde. Die Naturschutzjugend hat ein sog. Rote-Karte-System eingeführt, das mit verschiedenen Stufen der Verwarnung funktioniert.

b) … an der Außenwirkung des Verbandes

Einige Verbände haben Positionspapiere zum Thema Rechtsextremismus/Rechtspopulismus und der eigenen Haltung im Umgang mit rechten Akteur*innen entwickelt. Angeregt wird zudem ein anderer Umgang mit Themen, die Analogien mit gesellschaftlichen Verhältnissen nahelegen und rechten Akteur*innen inhaltlich Einfallstore liefern könnten (z. B. Neophyten (vgl. Kapitza i. d. Bd.) oder die Wolfsdebatte). Um dies umsetzen zu können, wird externe Unterstützung für notwendig erachtet. Die Befragten wünschen sich außerdem diversitysensible Materialien, die in der sprachlichen und visuellen Darstellung mit der Dominanz von weißen, jungen, männlichen Personen des Bildungsbürgertums brechen und die Vielfalt der Gesellschaft wertschätzend abbilden. Viele Naturschutzverbände – und das trifft auch Verbände des DNR (z. B. Sport-/freizeitorientierte Verbände) verstehen sich als politisch neutral, weil sie auch Mitglieder mit unterschiedlicher Parteizugehörigkeit haben. Sie vertreten die Ansicht, dass parteipolitische Haltungen keinerlei Rolle spielen und der Verein sich daher auch nicht politisch positionieren dürfe. Andere wiederum halten eine Positionierung gegen gruppenbezogene Menschenfeindlichkeit, die eine Positionierung gegen sexistische und antifeministische Äußerungen einschließt, für extrem wichtig. Vorgeschlagen wird, dass sich die Verbände mit ihrem Politik- und Selbstverständnis auseinandersetzen. Mit Blick auf Kooperationen und Interaktionen, z. B. bei öffentlichen Auftritten, verfolgen manche Verbände eine strikte Linie (keine wie auch immer geartete Zusammenarbeit mit der AfD). Andere überlassen es den eingeladenen Fachleuten aus dem Verband, ob sie sich mit AfD-Vertreter*innen auf das Podium setzen oder nicht.

3. Fazit: Was ist zu tun?

Rechte Einflussnahme, die antifeministische Elemente enthält, betrifft die Umweltverbandsarbeit unmittelbar. Denn ökologische Themen werden genutzt, sowohl um rechte Ideologie zu verbreiten, als auch um diejenigen (etwa als potenzielle Wähler*innen) zu adressieren, die gesellschaftliche Veränderungen in Richtung Geschlechtergerechtigkeit und Klimagerechtigkeit ablehnen. Die feststellbaren Instrumentalisierungen von ‚Natur' und ‚natürlicher Ordnung' gilt es kritisch zu beleuchten und entsprechende Umgangsweisen zu entwickeln.

Aus der Online-Befragung von diversu e.V. ging auch deutlich hervor, dass – unabhängig von den jeweils im Einzelnen verfolgten

Strategien – der Rückhalt von der Verbandsspitze, das Sich-Berufen-können auf Beschlüsse und Strukturen wichtig ist und dass dieses das Um- und Durchsetzen von Maßnahmen gegen rechte Einflussnahme erleichtert. Notwendig sind zudem staatliches Engagement, geänderte politische Rahmenbedingungen und Aktivitäten zur Verhinderung rechter Landnahme, damit Naturschutz als Politikfeld in seiner zivilgesellschaftlichen wie staatlich institutionalisierten Struktur fest in der demokratischen Kultur verankert bleibt.

Literatur

AK Fe.In (2019): Frauen*rechte und Frauen*hass: Antifeminismus und die Ethnisierung von Gewalt. Berlin.

Amadeu Antonio Stiftung (2014): Völkische Siedler/innen im ländlichen Raum. [Link: https://www.amadeu-antonio-stiftung.de/w/files/pdfs/voelkische_siedler_web.pdf; 22.10.2020].

FARN (2018): Rechtsextreme Ideologien im Natur- und Umweltschutz. Berlin. [Link: https://www.nf-farn.de/rechtsextreme-ideologien-natur-umweltschutz; 22.10.2020].

FARN (2019): Wenn Rechtsextreme von Naturschutz reden – Argumente und Mythen. Berlin. [Link: https://www.nf-farn.de/wenn-rechtsextreme-von-naturschutz-reden; 22.10.2020].

Franke, Nils (2011): Naturschutz gegen Rechtsextremismus. Eine Argumentationshilfe, hrsg. von Landeszentrale für Umweltaufklärung Rheinland-Pfalz.

Geden, Oliver (1999): Rechte Ökologie. Umweltschutz zwischen Emanzipation und Faschismus. Berlin.

Gottschlich, Daniela (2006): Machtpolitik im grünen Kleid der Nachhaltigkeit. Feministische Kritik an ökologisch begründeter Bevölkerungspolitik. [Link: http://forumue.de/wp-content/uploads/2015/05/Demographischer_Wandel_AG-Frauen.pdf; 22.10.2020].

Gottschlich, Daniela/Katz, Christine/Schwandt, Wiebke – unter Mitarbeit von Simon Fritz (2020): Rechte Landnahme. Ergebnisse einer Online-Befragung von Natur- und Umweltschutzverbänden zur Einflussnahme durchrechte Akteur*innen und ihre Ideologien, hrsg. von diversu e. V. [Link: https://www.diversu.org/wp-content/uploads/2020/06/ReLa_Ergebnisse_Online-Befragung_Juni-2020.pdf; 22.10.2020].

Gottschlich, Daniela/Schultz, Susanne (2019): Weniger Klimawandel durch weniger Menschen? Feministische Kritik am neomalthusianischen Revival. In: FARN – Fachstelle Radikalisierungsprävention und Engagement im Naturschutz (Hrsg.): Aspekte Gruppenbezogener

Menschenfeindlichkeit im Natur- und Umweltschutz. Eine Diskussion. Berlin, 24-29.

Heinrich, Gudrun/Kaiser, Klaus-Dieter/Wiersbinski, Norbert (2015): Naturschutz und Rechtsradikalismus. Gegenwärtige Entwicklungen, Probleme, Abgrenzungen und Steuerungsmöglichkeiten. BfN-Skripten 394. Bonn. [Link: https://www.bfn.de/fileadmin/BfN/service/Dokumente/skripten/skript394.pdf; 22.10.2020].

Hendrixson, Anne et al. (2019): A renewed call for feminist Resistance to population control. [Link: https://sites.hampshire.edu/popdev/a-renewed-call-for-feminist-resistance-to-climate-change/; 22.10.2020].

Katz, Christine/Gottschlich, Daniela (2020): Strategiepapier ‚Rechte Landnahme stoppen: Was Umweltverbände gegen rechtsextreme Vereinnahmungen tun können', hrsg. von diversu e. V. [Link: https://www.diversu.org/wp-content/uploads/2020/09/Strategiepapier_ReLa_Version-1.pdf; 22.10.2020].

Mayer, Stefanie/Goetz, Judith (2019): Mit Gott und Natur gegen geschlechterpolitischen Wandel. Ideologie und Rhetoriken des rechten Antifeminismus. In: FIPU - Forschungsgruppe Ideologien und Politiken der Ungleichheit (Wien) (Hrsg.): Rechtsextremismus. Geschlechterreflektierte Perspektiven, *Band 3.* Wien, 205-247.

Röpke, Andrea/Speit, Andreas (2019): Völkische Landnahme. Alte Sippen, junge Siedler, rechte Ökos. Berlin.

Salzborn, Samuel (2018): Rechtsextremismus. Erscheinungsformen und Erklärungsansätze. Baden Baden.

Schutzbach, Franziska (2019): Antifeminismus macht rechte Positionen gesellschaftsfähig. [Link: https://www.gwi-boell.de/de/2019/05/03/antifeminismus-macht-rechte-positionen-gesellschaftsfaehig; 22.10.2020].

Staud, Toralf (2015): Grüne Braune. [Link: http://www.bpb.de/politik/extremismus/rechtsextremismus/211922/gruene-braune; 22.10.2020].

Die 'gute Mutter' zwischen neoliberaler Selbstoptimierung und Retraditionalisierung von rechts

Ann-Kathrin Mader

1. Die ‚gute Mutter' als diskursives Konstrukt

Viel rezipierte Arbeiten wie bspw. das Buch ‚Die Mutterliebe' der französischen Philosophin Elisabeth Badinter (1987) oder die Auseinandersetzung der deutschen Literaturwissenschaftlerin Barbara Vinken mit dem deutschen Muttermythos (2001) haben in den vergangenen Jahrzehnten gezeigt, dass das Idealbild der ‚guten Mutter' stets abhängig vom historischen Kontext und den damit verbundenen sozial- und arbeitsmarktpolitischen Entwicklungen und Herausforderungen zu betrachten ist. 'Gute Mutterschaft' ist also immer ein Konstrukt, dessen Eigenschaften diskursiv verhandelt werden.

Gesellschaftliche, politische, medizinische und philosophische Diskurse, in denen die Vorstellung der ‚guten Mutter' mit traditionellen Rollenbildern verknüpft werden, greifen häufig auf Naturalisierungen zurück, um dieses Bild zu legitimieren. Dies bedeutet, dass die bei Müttern gewünschten Verhaltensweisen und Einstellungen als biologisch oder genetisch veranlagt betrachtet werden, sodass es schwieriger wird, sich als Mutter diesen Idealvorstellungen zu entziehen oder bewusst andere Entscheidungen zu treffen (vgl. Thiessen/Villa 2008: 278). Denn Frauen, die nicht dieses 'natürliche' mütterliche Verhalten zeigen, werden pathologisiert oder, zumindest im deutschsprachigen Diskurs[1], als 'Rabenmütter' betrachtet, die aus egoistischen Motiven den 'Ruf der Natur' verleugnen.

[1] In Frankreich bspw., wo das Mutterbild nicht wie in Deutschland das Erbe ideologischer Aufladung trägt, gibt es kein Pendant zur ‚Rabenmutter'.

Gleichzeitig sind laut Sabine Hark und Paula Irene Villa wieder vermehrt „soziobiologische[...] bzw. evolutionäre[...] Denkweisen, die etwa die Inkompatibilität von Männlichkeit und Fürsorge zum Inhalt haben“ (Hark/Villa 2010: 14), zu beobachten, die vor allem in populärwissenschaftlicher Aufbereitung weite Teile der Gesellschaft erreichen.

Generell kann festgehalten werden, dass sich für Mütter mittlerweile eine doppelte Vergesellschaftung (vgl. Becker-Schmidt 2003) etabliert hat: Sie sollen insbesondere als gefragte Fachkräfte dem Arbeitsmarkt zur Verfügung stehen und ihr durch Ausbildung erworbenes Potenzial nicht unausgeschöpft lassen. Gleichzeitig hat jedoch das traditionelle Mutterideal Fortbestand, in dem die Mutter als primäre und wichtigste Bezugsperson für ihr Kind angesehen wird (vgl. Thiessen/Villa 2008).

2. Mutterschaft im Kontext neoliberaler Selbstoptimierung

Die britische Kulturwissenschaftlerin Angela McRobbie (2010, 2013) spricht angesichts dieses doppelten Anspruchs an Frauen von einem „neuen Geschlechtervertrag“ (McRobbie 2010: 89) des Neoliberalismus. Dieser verspricht Frauen Erfolg und Gleichberechtigung, sofern sie einem bestimmten neoliberalen Weiblichkeitsideal entsprechen: Insbesondere eine Abkehr von allzu radikalen feministischen Positionen und die Festigung heteronormativer traditioneller Geschlechter- und Familienbilder ist „Kernbestandteil dieses Frauenbildes“ (ebd.: 18). Das Gleichberechtigungsversprechen des neuen Geschlechtervertrags besteht jedoch nur „prinzipiell und rhetorisch“ (ebd.). Ob es eingelöst werden kann, wird im Einzelfall als persönlicher Erfolg oder Misserfolg gewertet und somit – ganz im Sinne der Risikogesellschaft (vgl. Beck 1986; Beck/Beck-Gernsheim 1994) – individualisiert. Solidarität von Frauen gegenüber ungerechten Strukturen verschwindet so zugunsten von Wettbewerb und Konkurrenz. Eine solche Zersetzung kollektiver Strukturen zugunsten eines ausgeprägten Individualismus beschreibt auch Bourdieu (vgl. Bourdieu 1998) als charakteristisch für den Neoliberalismus, ebenso wie das Diktum der Flexibilität und, als deren Antrieb, die „Angst vor Arbeitslosigkeit“ (vgl. ebd.: 123f.). Planerische Voraussicht, unternehmerisches Denken und Handeln sowie Selbstverantwortlichkeit durchziehen folglich im Neoliberalismus alle Bereiche des Lebens (vgl. hierzu bspw. Bourdieu 1998; Bröckling/Krasmann/Lemke 2000; Bröckling 2007; Boltanski/Chiapello 2013) und somit auch die Elternschaft. Bereits Beck konstatiert, dass sich „familiäre Strukturen und die Erfordernisse des neoliberalen Arbeitsmarktes konträr zueinander verhalten“ (vgl. Beck 1986: 191). Die hierdurch entstehenden Widersprüche müssen vom Individuum durch geschicktes Management ins eigene Leben integriert werden. Gelingt dies nicht, liegt es nicht an den gesellschaftlichen Strukturen, sondern am Individuum – an schlechtem (Zeit- und Selbst-)Management, an den falschen Strategien und fehlenden Fähigkeiten.

Auf die Mutterschaft bezogen kann, analog zu McRobbies „Top Girls“ (2010), vom Ideal der neoliberalen ‚Top Mum‘ gesprochen werden, die diesen Balanceakt zwischen beruflicher Selbstverwirklichung und Erfüllung des Mutterschaftsideals bravourös meistert. Suggeriert wird, dass staatliche Programme zur besseren Vereinbarkeit von Familie und Beruf sowie medial verbreitete Konzepte zur Selbstverbesserung lediglich klug angewendet werden müssten, um zu „Erfolg und Zufriedenheit zu gelangen“ (vgl. ebd.: 117ff.). Reale weibliche Lebensläufe sind von der Verwirklichung dieses Ideals jedoch häufig weit entfernt: Bereits während der Ausbildung stellen junge Frauen die Weichen entweder auf Karriere oder Familie, da die Familiengründung für eine erfolgreiche Karrierefrau höhere Opportunitätskosten erwarten und somit unattraktiver werden lässt (vgl. Schadler 2013). Eine 'geschlechtsspezifische' Berufswahl – also das Ergreifen von Berufen, die traditionell überwiegend von Frauen ausgeübt wurden und generell schlecht bezahlt sind (vgl.

Krüger 2001) – oder der (unbereinigte[2]) Gender Pay Gap von 21% (vgl. Statistisches Bundesamt 2019a) bestimmen in Verbindung mit Systemen wie dem Ehegattensplitting den Aushandlungsprozess von Paaren über die Aufteilung von Erwerbs- und Care-Arbeit nach der Geburt vor.[3] Selbst bei Paaren, denen eine gleichberechtigte Aufteilung von Haushaltsaufgaben wichtig ist, kommt es aufgrund der genannten Strukturen häufig zu einer „Retraditionalisierung der Rollen innerhalb der Beziehung, sobald ein Kind geboren wurde" (Rüling 2006: 4774-4780). Um dem zu entkommen, verschieben viele Frauen die Mutterschaft zeitlich nach hinten, um zunächst ein gewisses Maß an beruflicher Selbstverwirklichung zu erlangen oder bleiben kinderlos (vgl. McRobbie 2010, Statistisches Bundesamt 2019c).

Diese gesellschaftlichen Ungleichheitsstrukturen gilt es also im Blick zu behalten, wenn von der Aufteilung der elterlichen Sorgearbeit die Rede ist. Zugleich kann jedoch nicht ausgeschlossen werden, dass die Entscheidung einer Mutter, in Teilzeit oder (vorübergehend) gar nicht zu arbeiten und mehr Zeit mit dem Nachwuchs zu verbringen, aus anderen Motivationen heraus getroffen wurde: Aus einer kapitalismuskritischen Einstellung und dem daraus resultierenden Wunsch, sich der neoliberalen Leistungsgesellschaft und ihrer Verwertungslogik von Humankapital zu entziehen. Beide Positionen – die der berufstätigen und die der zuhause bleibenden Mutter

---

[2] Unbereinigt bedeutet, dass etwa drei Viertel des Gender Pay Gap strukturbedingt sind, also auf einen höheren Anteil von Frauen in Teilzeit- oder geringfügigen Beschäftigungen sowie in schlechter bezahlten Arbeitsfeldern zurückzuführen sind. Der bereinigte Gender Pay Gap beträgt demnach immer noch 6% Differenz zwischen Männern und Frauen bei vergleichbarer Arbeit und Qualifikation.

[3] Der geringere Verdienst der Frau trägt in diesen Aushandlungsprozessen dazu bei, dass aus finanziellen Gründen zunächst die Frau zuhause beim Kind bleibt und später tendenziell eher in Teilzeit wieder in den Beruf einsteigt: So arbeiteten 2018 71,6% der erwerbstätigen Mütter mit Kindern unter sechs Jahren in Teilzeit, dagegen nur 6,4 % der erwerbstätigen Väter von Kindern der gleichen Altersgruppe. Bei Familien mit Kindern über sechs Jahren sind es immer noch 63,7 % der erwerbstätigen Mütter, die in Teilzeit arbeiten, im Vergleich zu 4,7 % der Väter (Statistisches Bundesamt 2019b).

– sollten aus feministisch-emanzipatorischer Perspektive als verschiedene, jedoch gleichwertige weibliche Lebensentwürfe nebeneinander stehen können, solange das Bewusstsein für eine mögliche gesellschaftlich-politische Vorstrukturierung dieser Entscheidung nicht erlischt.[4] Allzu häufig ist in den sozialen Medien, auf Elternblogs und in Medienberichten jedoch eine unversöhnliche Gegenüberstellung der berufstätigen ‚Rabenmutter' und der zuhause bleibenden ‚Glucke' oder ‚Helikopter-Mutter' zu beobachten, in der Einzelpersonen das von ihnen gewählte Lebensmodell als einzig richtiges darstellen.

3. Das traditionelle Mutterbild und seine Einbettung in konservative und rechte Gesellschaftsvorstellungen

So nachvollziehbar das Ablehnen neoliberaler Leistungserwartungen hinsichtlich der Vereinbarkeit von Kind und Karriere aus einer kapitalismuskritischen Perspektive ist, so wichtig ist es jedoch auch wahrzunehmen, dass die Aufwertung traditioneller Interpretationen der Mutterrolle insbesondere von konservativen und rechten Stimmen betrieben und gefordert wird. Auch rechts-konservative Positionen beziehen sich in diesem Kontext kritisch auf die gesellschaftliche Erwartung der Vereinbarkeit von Elternschaft und Karriere, begründen dies jedoch mit rechts-konservativen Werten und naturalistischer Geschlechterdetermination, wie nachfolgend exemplarisch gezeigt wird.

Die sich selbst als katholisch-konservativ bezeichnende Journalistin und Autorin Birgit Kelle setzt in ihren Argumentationen bei der fehlenden gesellschaftlichen Wertschätzung für innerfamiliär

---

[4] Es ist anzumerken, dass die Entscheidung, als Mutter nicht berufstätig zu sein, nur unter bestimmten, privilegierten Voraussetzungen getroffen werden kann – bspw., wenn das Einkommen des Vaters ausreicht, um die Familie zu ernähren. So sind zum Beispiel alleinerziehende Mütter, die auf Hartz IV angewiesen sind, gesetzlich verpflichtet, in ‚zumutbarem Maße' (§ 10 SGB II und § 140 SGB III) arbeiten zu gehen, sobald das Kind drei Jahre alt ist, und müssen ansonsten mit Sanktionen wie Leistungskürzungen rechnen.

geleistete Sorgearbeit (durch Mütter) an. Sie kritisiert das gesellschaftliche Ideal der möglichst nahtlosen Berufstätigkeit der Mutter. Für dieses Ideal verantwortlich macht sie eine „unheilige Allianz" (Kelle 2017a: o. S.): „Turbokapitalismus und die feministische Mädchenmannschaft mit freundlicher Unterstützung der Familienministerin ihres Vertrauens." (ebd.) Sie bezieht sich hier auf die politisch-ökonomische Auffassung, dass hochqualifizierte Fachkräfte, die nicht in Führungspositionen arbeiten würden, als „eine Vergeudung von, wie man heute fachlich korrekt sagt, Humanressourcen, also von menschlichen Möglichkeiten" (Merkel 2013: o. S.) darstellen, sowie auf eine Familienpolitik, deren primäres Ziel die möglichst nahtlose Wiedereingliederung der Mütter in den Arbeitsmarkt zu sein scheint: „Früher legten wir Karrieren auf Eis, um Kinder zu bekommen. Heute sollen wir unsere Eizellen auf Eis legen, um Karriere zu machen und unsere besten Jahre der Firma statt unseren Familien zu schenken", polemisiert Kelle in ihrem Buch ‚Muttertier' (Kelle 2017b: 8). Damit spricht sie vermutlich vielen Frauen aus der Seele, die sich der neoliberalen Verwertungslogik entziehen und selbstbestimmt über ihren Lebensentwurf entscheiden möchten – und für Frauen, die vom Anspruch, gleichzeitig berufliche wie familiäre Pflichten zur Genüge zu erfüllen, überfordert sind:

> Wenn dann eine Ideologie sagt: Du brauchst gar nicht berufstätig zu sein, du bist auch eine ganz tolle Superfrau, wenn du dich ausschließlich auf die Familie konzentrierst, das ist sogar besser – dann kann das durchaus attraktiv sein. (Bitzan 2014: o. S.)

Kelles Engagement für die traditionelle Mutterrolle erscheint dabei nicht altbacken, sie gibt sich selbstbewusst, schlagfertig, erfolgreich und modern. Und obwohl sie immer wieder gegen ‚DIE Feministinnen' bzw. ‚DEN Feminismus' wettert, bezeichnet sie sich selbst als „weibliche Feministin" (Kelle o.J. b): Da sie die durch Kapitalismus und „Gender-Gaga" (Titel ihres Buches, Kelle 2015) entmündigten bzw. unterdrückten Frauen dazu ermutigt, ihre biologische Bestimmung als Mütter entgegen dem gesellschaftlichen Mainstream zu leben, sieht sie sich als wahre Kämpferin für die Belange der Frauen und stilisiert sich – als erfolgreiche Autorin und Journalistin – als Sprachrohr aller ‚Nur-Mütter':

> beherzte Mütter. Weibliche Frauen. Wir sind die wahre Avantgarde. Ohne uns kein Leben. [...] Wir sind die Muttertiere – wir spielen keine austauschbare Rolle, wir sind nicht totzuquatschen und dekonstruierbar. (Kelle 2017b: 11f.)

Der Begriff Feminismus wird hier also neu – paradoxerweise mit antifeministischen Positionen – besetzt.[5]

Kelle ist CDU-Mitglied und bezeichnet sich auf ihrer Website als katholisch-konservativ, schreibt jedoch nicht nur regelmäßig für ‚Die Welt' oder den ‚Focus', sondern auch für die ‚Junge Freiheit' und stand dem vom ‚Institut für Staatspolitik (IfS)', dem wichtigsten Think Tank der Neuen Rechten (vgl. Kellershohn 2016) herausgegebenen Magazin ‚Sezession – Zeitschrift für Deutschland' für ein Interview zur Verfügung (vgl. Kubitschek 2013). Ihr Buch ‚Muttertier' wurde darüber hinaus wohlwollend von Ellen Kositza, dem Experten Andreas Speit (2016: 325) zufolge der einflussreichsten Frau der Neuen Rechten, rezensiert. Kositza (2017: 75) schreibt: „Kelle liefert Balsam für die Seelen jener Mütter, die unter ungeheurem Rechtfertigungsdruck stehen, weil sie ihr Kind, ihre Kinder für einige Zeit zum absoluten Mittelpunkt ihres Lebens gemacht haben.". Die Anschlussfähigkeit des von Kelle propagierten Mutterbilds zu rechten und rechtsextremen Positionen wird hier deutlich. So schreibt die AfD in ihrem Grundsatzprogramm: „Die Wirtschaft will Frauen als Arbeitskraft. Ein falsch verstandener Feminismus schätzt einseitig Frauen im Erwerbsleben, nicht aber Frauen, die „nur" Mutter und Hausfrau sind" (AfD 2017: 41). Wie bei Kelle werden zwei

---

[5] Bitzan (2014) spricht von „sexismuskritischem Nationalismus", um die grundlegende Unvereinbarkeit rechter und rechtsextremer Positionen mit einem prinzipiellen Anspruch feministischer Theorie, alle Frauen zu adressieren, hervorzuheben.

‚Feinde' der ‚Nur-Mütter' identifiziert: Die Wirtschaft[6] und der Feminismus. Neben der Annahme, dass diese fehlende Wertschätzung der traditionellen Kernfamilie als „wertgebende gesellschaftliche Grundeinheit" (ebd.: 41) zu einem allgemeinen gesellschaftlichen Werteverlust führt, ist die Mutterrolle aus Perspektive der AfD vor allem aufgrund der demografischen Entwicklung der deutschen Bevölkerung wichtig: So „muss mittels einer aktivierenden Familienpolitik eine höhere Geburtenrate der einheimischen Bevölkerung als mittel- und langfristig einzig tragfähige Lösung erreicht werden" (ebd.). In Kontrast gesetzt wird dazu die „volkswirtschaftlich nicht tragfähige und konfliktträchtige Masseneinwanderung" (ebd.), die durch vergleichsweise höhere Geburtenraten von Migrant*innen zum „ethnisch-kulturellen Wandel der Bevölkerung" (ebd.: 42) führe. In rechten Kontexten, auch innerhalb der AfD, wird in diesem Zusammenhang der Begriff der Umvolkung verwendet, der unter der Nationalsozialistischen Diktatur zur Beschreibung bevölkerungspolitischer Maßnahmen im Sinne der Ideologie genutzt wurde (vgl. Pittelkow/Riedel 2018).

Begründet wird die traditionelle Mutterrolle sowohl bei Kelle als auch in der AfD mit der Biologie und „biologisch determinierten geschlechtsspezifischen Rollen" (Ketelhut 2018: 2f.). Ein gemeinsames Feindbild konservativer bis rechtsextremer Positionen ist hierbei der Begriff ‚Gender' (vgl. Drüeke/Klaus 2019): „Die Gender-Ideologie marginalisiert naturgegebene Unterschiede zwischen den Geschlechtern und wirkt damit traditionellen Wertvorstellungen und spezifischen Geschlechterrollen in den Familien entgegen" (AfD 2017: 55). Geschlechtergerechte Sprache, Gender-Mainstreaming und die Implementierung geschlechtlicher Vielfalt in den schulischen Curricula werden dabei undifferenziert und inhaltlich verkürzt und verfälscht zu einer weitreichenden ‚Gender-Ideologie'

[6] Stöss (2016) beobachtet im Kontext einer Intellektualisierung und programmatischen Neuausrichtung der Rechten seit den 1980er Jahren eine zunehmende Bedeutung von Kapitalismuskritik und sozialpolitischen Themen, insbesondere im Spektrum der Neuen Rechten.

zusammengemischt, die inhaltlich zwar vage bleibt, jedoch als Feindbild und Projektionsfläche dient (vgl. hierzu Hark/Villa 2015).

4. Mutterschaft im Spannungsfeld der unterschiedlichen Ansprüche

Zusammengefasst erscheint es beinahe so, als ob es für Mütter zwei stereotype Rollen gäbe: Auf der einen Seite die karriereorientierten ‚Top Mums', die die Chancen zur beruflichen Selbstverwirklichung nutzen wollen und sich als emanzipiert empfinden, jedoch aus einer kapitalismuskritischen Perspektive betrachtet lediglich dem hegemonialen Modell der doppelten Vergesellschaftung und dem vorherrschenden neoliberalen System mitsamt der darin angestrebten Selbstoptimierung in allen Lebensbereichen dienen. Auf der anderen Seite steht die Mutter, die sich aus unterschiedlichen, oben genannten Gründen entscheidet, zu Gunsten der Familie beruflich kürzer zu treten, dabei aber Gefahr läuft, als wenig emanzipiert zu gelten und die diesen Weg lediglich aufgrund mangelnder Management-Kompetenz zur Koordination unterschiedlicher Lebensbereiche gewählt zu haben scheint. Die ständige mediale Reproduktion dieser zwei stereotypen Modelle trägt zur weiteren Lagerbildung bei und befördert ein Gegeneinander-Ausspielen von unterschiedlichen weiblichen Lebensentwürfen. Frauen mit dem Gefühl, mit dem eigenen Lebensentwurf nicht gesellschaftlich anerkannt zu sein und als unemanzipiert zu gelten, bieten laute, scheinbar emanzipierte und feministische Stimmen von Befürworter*innen der traditionellen Mutterrolle wie Birgit Kelle eine Identifikationsfläche. Die vorgegebene Progressivität des traditionellen weiblichen Lebensmodells entgegen den Mainstream der doppelten Vergesellschaftung eröffnet jedoch argumentative und personelle Anschlussfähigkeiten nach rechts. Die Instrumentalisierung von Mutterschaft für rechte und rechtsextreme bevölkerungspolitische Programme sollte daher kritisch betrachtet werden.

Die Kritik an biologistisch-naturalistischen Auffassungen von Mutterschaft und Familienordnung ist gerade angesichts des gesellschaftlich-politischen Rechtsrucks der letzten Jahre ein wichtiges Anliegen. Die Herausforderung hierbei besteht allerdings darin, Naturalismen als solche zu identifizieren, ohne dabei in eine affirmative Haltung gegenüber der von McRobbie skizzierten lediglich rhetorischen Gleichheit des Neoliberalismus zu verfallen. Am Beispiel des Stillens kann diese Gefahr verdeutlicht werden. Das aus feministisch-emanzipatorischer Sicht gewichtigste Argument gegen das Stillen ist die damit einhergehende Voraussetzung zeitlicher und räumlicher Verfügbarkeit der Mutter und die damit verknüpfte geringere Beteiligungsmöglichkeit für den Vater in Bezug auf die Ernährung des Babys (vgl. Freudenschuß 2012). Die durch Flaschenernährung gewonnene Freiheit der Mutter kann jedoch allzu leicht auf die Freiheit zur Selbstverwirklichung durch Erwerbsarbeit reduziert werden – so wie Elisabeth Badinter bspw. den in Frankreich üblichen raschen Berufswiedereinstieg nach der Geburt in Vollzeit als alleinigen Gradmesser der Emanzipation der Frau darstellt (vgl. Badinter 2010). Doch so einfach ist die Gegenüberstellung von Stillen gleich traditionell versus Nicht-Stillen (und Arbeiten) gleich emanzipiert nicht. Auch im dominanten gesellschaftlichen Stilldiskurs lassen sich neben zahlreichen naturalistischen Auffassungen und Argumentationen neoliberale Diskurse identifizieren: So zeigt Avishai (2011) in einer Interviewstudie auf, wie privilegierte amerikanische Mütter das Stillen als Projekt auffassen – „a task to be researched, plannend, implemented and assessed, with reliance on expert knowledge, professional advice and consumption" (Avishai 2011: 24). Das Stillen wird hier – ganz im Sinne von Boltanski und Chiapello (2013) – zum Projekt der neoliberalen ‚Top Mum'. Und auch der bereits angesprochene neoliberale Risikodiskurs findet sich in Debatten um das Stillen wieder, wenn als Argumente für das Stillen ein geringeres Allergierisiko bei gestillten Kindern oder ein geringeres Brustkrebsrisiko bei stillenden Müttern angeführt werden.

Selbstoptimierungsbestrebungen lassen sich selbstverständlich auch außerhalb des Stilldiskurses beobachten: Es gilt, das gesamte

Leben mit Kind(ern) optimal zu gestalten. Mütterblogs und soziale Plattformen wie Instagram oder Pinterest zeigen, dass viele Mütter auf der ständigen Suche nach den gesündesten Rezepten, der ausgefallensten Motivtorte für den Kindergeburtstag oder dem originellsten Faschingskostüm sind. Sich diesem Wettbewerb zu entziehen, fällt schwer – ganz gleich ob als Stay-at-home- oder Working Mom.

Mütter stehen heute vor der großen Herausforderung, zwischen den scheinbar unversöhnlich nebeneinanderstehenden Ansprüchen einen eigenen Weg zu finden – und sich dabei nicht vor einen ideologischen Karren – gleich welcher Art – spannen zu lassen.

Literatur

AfD (2016): Programm für Deutschland. Das Grundsatzprogramm der Alternative für Deutschland. [Link: https://www.afd.de/grundsatzprogramm/;28.01.2020].

Avishai, Orit (2011): Managing the Lactating Body: The Breastfeeding Project in die Age of Anxiety. In: Liamputtong, Pranee (Hrsg.): Infant Feeding Practices. A Cross-Cultural Perspective. New York, 23-38.

Badinter, Elisabeth (1987): Die Mutterliebe. Geschichte eines Gefühls vom 17. Jahrhundert bis heute. München.

Badinter, Elisabeth (2010): Der Konflikt. München.

Beck, Ulrich (1986): Risikogesellschaft. Auf dem Weg in eine andere Moderne. Frankfurt am Main.

Beck-Gernsheim, Elisabeth/Beck, Ulrich (1994) (Hrsg.): Riskante Freiheiten. Frankfurt am Main.

Becker-Schmidt, Regina (2003): Zur doppelten Vergesellschaftung von Frauen. Soziologische Grundlegung, Empirische Rekonstruktion. In: gender...politik...online. [Link: https://www.fu-berlin.de/sites/gpo/soz_eth/Geschlecht_als_Kategorie/Die_doppelte_Vergesellschaftung_von_Frauen/index.html; 05.07.2020].

Bitzan, Renate (2014): Kann es einen „Feminismus von rechts" geben? In: Bundeszentrale für politische Bildung: Dossier Rechtsextremismus. [Link: https://www.bpb.de/politik/extremismus/rechtsextremismus/174172/kann-es-einen-feminismus-von-rechts-geben; 28.01.2020].

Boltanski, Luc/Chiapello, Ève (2013): Der neue Geist des Kapitalismus. Konstanz.

Bourdieu, Pierre (1998): Der Neoliberalismus. Eine Utopie grenzenloser Ausbeutung wird Realität. In: Bourdieu, Pierre (2004): Gegenfeuer. Konstanz, 120-130.

Bröckling, Ulrich/Krasmann, Susanne/Lemke, Thomas (Hrsg.) (2000): Gouvernementalität der Gegenwart. Studien zur Ökonomisierung des Sozialen. Frankfurt am Main.

Bröckling, Ulrich (2007): Das unternehmerische Selbst. Soziologie einer Subjektivierungsform. Frankfurt am Main.

Drüeke, Ricarda/Klaus, Elisabeth (2019). „Die Instrumentalisierung von Frauen*rechten in rechten Diskursen“, *Gender: Zeitschrift für Geschlecht, Kultur und Gesellschaft (*3/2019): 84-99.

Freudenschuß, Ina (2012). „Vom Recht auf Stillen zur Pflicht der Mutter: Elemente eines globalen Stilldiskurses“, *Gender: Zeitschrift für Geschlecht, Kultur und Gesellschaft* (4/2012): 138-145.

Hark, Sabine/Villa, Paula-Irene (2010): Ambivalenzen der Sichtbarkeit – Einleitung zur deutschen Ausgabe. In: McRobbie, Angela: Top Girls. Feminismus und der Aufstieg des neoliberalen Geschlechterregimes. Wiesbaden, 7-16.

Hark, Sabine/Villa, Paula-Irene (2015) (Hrsg.): Anti-Genderismus. Sexualität und Geschlecht als aktuelle Schauplätze politischer Auseinandersetzungen. Bielefeld.

Kelle, Birgit (o. J.): Vita. [Link: http://www.birgit-kelle.de/ Vita.4.0.html; 28.01.2020].

Kelle, Birgit (2015): GenderGaga. Wie eine absurde Ideologie unseren Alltag erobern will. Aßlar.

Kelle, Birgit (2017a): Hört auf, uns Mütter „befreien“ zu wollen! In: Welt [Link: https://www.welt.de/debatte/kommentare/article1 66632672/Hoert-auf-uns-Muetter-befreien-zu-wollen.html; 28.01.2020].

Kelle, Birgit (2017b): Muttertier. Eine Ansage. Basel.

Ketelhut, Klemens (2018): „Mehr Kinder? Aber nur deutsche!“ – Die Familienpolitik der AfD. Herausgegeben vom Gunda Werner Institut der Heinrich Böll Stiftung. [Link: https://www.gwi-boell.de/de/2018/02/19/mehr-kinder-aber-nur-deutsche-die-voelkische-familienpolitik-der-afd#_ftn4; 28.01.2020].

Kositza, Ellen (2017): Nicht befreit! Sondern eingefangen! In: Institut für Staatspolitik (Hrsg.): Sezession Nr. 80, 75. [Link: https://sezession.de/wp-content/uploads/2018/10/Sez80.pdf; 05.07.2020].

Krüger, Helga (2001): Geschlecht, Territorien, Institutionen. Beitrag zu einer Soziologie der Lebenslauf-Relationalität. In: Born, Claudia/Krüger, Helga (Hrsg.): Individualisierung und Verflechtung. Geschlecht

und Generation im deutschen Lebenslaufregime. Weinheim; München, 257-299.
Kubitschek, Götz (2013): Endlich sagt's mal eine! – Birgit Kelle im Gespräch. In: Institut für Staatspolitik (Hrsg.): Sezession Nr. 57, 6-7. [Link: https://sezession.de/41909/endlich-sagts-mal-eine-birgit-kelle-im-gespraech; 28.01.2020].
McRobbie, Angela (2010): Top Girls. Feminismus und der Aufstieg des neoliberalen Geschlechterregimes. Wiesbaden.
McRobbie, Angela (2013). "Feminism and the New 'Mediated' Maternalism: Human Capital at Home" *Feministische Studien* (1/13): 136-143.
Merkel, Angela (2013): Eingangsstatement von Bundeskanzlerin Merkel bei der Konferenz „Frauen in Führungspositionen". Mitschrift Pressekonferenz. [Link: https://www.bundeskanzlerin.de/bkin-de/aktuelles/eingangsstatement-von-bundeskanzlerin-merkel-bei-der-konferenz-frauen-in-fuehrungspositionen--843492; 05.07.2020].
Pittelkow, Sebastian/Riedel, Katja (2018): Beobachtung durch den Verfassungsschutz: Eigenes Gutachten bringt AfD in Bedrängnis. In: tagesschau.de [Link: https://www.tagesschau.de/iland/ afd-verfassungsschutz-129.html; 28.01.2020].
Rüling, Anneli (2008): Das Stillen: Traditionalisierung der Arbeitsteilung durch naturalisierende Deutungen von Geschlecht? In: Rehberg, Karl-Siegbert/Deutsche Gesellschaft für Soziologie (Hrsg.): Die Natur der Gesellschaft: Verhandlungen des 33. Kongresses der Deutschen Gesellschaft für Soziologie in Kassel 2006. Teilbd. 1 u. 2. Frankfurt am Main, 4774-4786.
Schadler, Cornelia (2013): Vater, Mutter, Kind werden. Eine posthumanistische Ethnographie der Schwangerschaft. Bielefeld.
Speit, Andreas (2016): Bürgerliche Scharfmacher. Deutschlands neue rechte Mitte – von AfD bis Pegida. Zürich.
Statistisches Bundesamt (Hrsg.) (2019a): Verdienstunterschied zwischen Frauen und Männern 2018 unverändert bei 21 %. Pressemitteilung 098 vom 14.03.2019 [Link: https://www.destatis.de/DE/Presse/Pressemitteilungen/2019/03/PD19_098_621.html; 12.02.2020].

Statistisches Bundesamt (Hrsg.) (2019b): Qualität der Arbeit: Eltern, die Teilzeit arbeiten. [Link: https://www.destatis.de/DE/Themen/Arbeit/Arbeitsmarkt/Qualitaet-Arbeit/Dimension-3/eltern-teilzeitarbeit.html; 12.02.2020].

Statistisches Bundesamt (Hrsg.) (2019c): Jede fünfte Frau zwischen 45 und 49 Jahren war 2018 kinderlos. Pressemitteilung Nr. 475 vom 11.12.2019 [Link: https://www.destatis.de/ DE/ Presse/Pressemitteilungen/2019/12/PD19_475_122.html; 05.07.2020].

Stöss, Richard (2016): Der rechte Rand des politischen Systems der Bundesrepublik. In: Bundeszentrale für politische Bildung (Hrsg.): Dossier Rechtsextremismus [Link: https://www.bpb.de/politik/extremismus/rechtsextremismus/ 230035/der-rechte-rand-des-politischen-systems-der-bundesrepublik; 28.01.2020].

Thiessen, Barbara/Villa, Paula-Irene (2008): Die „Deutsche Mutter" – ein Auslaufmodell? Überlegungen zu den Codierungen von Mutterschaft als Sozial- und Geschlechterpolitik. In: Brunner, José (Hrsg.): Mütterliche Macht und väterliche Autorität: Elternbilder im deutschen Diskurs. Tel Aviver Jahrbuch für Deutsche Geschichte XXXVI. Göttingen, 277–292.

Vinken, Barbara (2007): Die deutsche Mutter: Der lange Schatten eines Mythos. Frankfurt/Main.

Mutter, Vater, Sternenkind. Die Änderung des Personenstandsrechts für Fehlgeborene und ihre unvorhergesehenen Folgen

Julia Böcker

1. Einführung

> Eltern von sogenannten Sternenkindern können seit dem 15. Mai 2013 die Geburt ihres Kindes beim Standesamt anzeigen und ihrem Kind damit offiziell eine Existenz geben. (BMFSFJ 2018: o. S.)

Fehl- und Totgeburten gelten als private Schicksalsschläge, die tragisch, aber kaum zu ändern sind. Tatsächlich spielen klinische Routinen, gesetzliche Regelungen und fehlende soziale Sichtbarkeit – kurz: gesellschaftliche Umstände – eine große Rolle für die individuellen Verlusterfahrungen. Seit Jahren engagieren sich deshalb Betroffenen-, Selbsthilfe- und Eltern-Initiativen für Veränderungen und mehr gesellschaftliche Anerkennung (Abschnitt 2). Auf Initiative eines Paares wurde so auch im Mai 2013 das Personenstandsrecht für Fehlgeborene geändert. Fehlgeborene, also vor der Geburt verstorbene Leibesfrüchte mit einem Gewicht von unter 500 Gramm, können seitdem auf Wunsch der Eltern bestattet und namentlich ins Familienbuch eingetragen werden.[1] Durch die Eintra-

[1] Die 500 Gramm-Grenze, die zwischen Totgeburten und Fehlgeburten unterscheidet, folgt einer Empfehlung der WHO aus dem Jahr 1977 und bezieht sich auf das ungefähre Gewicht eines außerhalb der Gebärmutter überlebensfähigen Fötus‘. Aufgrund des medizintechnischen Fortschritts verschiebt sich die Grenze entsprechend; bis 1994 lag die juristische Grenze zur Totgeburt in Deutschland noch bei 1000 Gramm. Das leichteste, heute lebende Kind wog bei seiner Geburt weniger als 250 Gramm. Dass die Grenze eine Hilfskonstruktion ist, wird auch deutlich am

gung erhalten die – im Gegensatz zu Totgeburten – nicht bestattungs*pflichtigen* Leibesfrüchte symbolisch den Status einer menschlichen Person und eines Familienmitgliedes (Abschnitt 3).

In diesem Beitrag werden Implikationen sowie praktische und diskursive Folgen dieser Gesetzesänderung skizziert, die – so meine These – für antifeministische und antiliberale Ideen und Haltungen anschlussfähig sind. Es kommen somit „unvorhergesehene Effekte“ (Endreß 2010) innerhalb eines grundsätzlich erstrebenswerten gesellschaftlichen Wandels hin zu mehr Anerkennung von Verlusterfahrungen im Kontext Schwangerschaft und Geburt in den Blick, die aus feministischer Perspektive problematisch erscheinen (Abschnitt 4). Im Fazit fasse ich die beobachteten Tendenzen zusammen und zeige Forschungsbedarfe auf (Abschnitt 5).[2]

2. Der gesellschaftliche Umgang mit Fehlgeburt und Stillgeburt

Die individuellen Erfahrungen von Betroffenen, die eine Fehlgeburt oder Totgeburt erleiden, sind beeinflusst von klinischen, rechtlichen und sozialen Umständen (vgl. Layne 2003; Frost et al. 2007; Kuberska/Turner 2019). Seit den 1980er Jahren engagieren sich deshalb Initiativen für den Austausch unter „Gleichbetroffenen“ (Lutz/Künzer-Riebel 1989: 4), Veränderungen in Kliniken, gesellschaftliche Aufklärung sowie Möglichkeiten zur Bestattung (vgl. Böcker 2016; für die USA etwa Cacciatore/Bushfield 2008). Bis dahin war es üblich, Totgeborene sofort nach der Entbindung zu entfernen und mit dem Klinikmüll zu entsorgen. Bei Fehlgeborenen war dies bis vor einigen Jahren noch der Fall. Inzwischen hat zumindest im Hinblick auf Totgeburten ein professionelles Umdenken stattgefunden und medizinisches Personal ermutigt Eltern etwa

Sonderfall einer Fehlgeburt, die Teil einer Mehrlingsgeburt ist – in diesem Fall ist die Fehlgeburt zur Gleichbehandlung aller Mehrlinge abweichend als ein tot geborenes Kind zu beurkunden (vgl. Weilert 2017: 287).

[2] Die Überlegungen dieses Beitrages basieren auf meiner Dissertation (Böcker 2020), aus der auch die Fallbeispiele in Abschnitt 3.1 entnommen sind.

dazu, ihr Kind nach der Geburt anzuschauen und in den Arm zu nehmen (vgl. Limbo 2012). In Anlehnung an die englischen Begriffe stillbirth und pregnancy loss wird als Alternative zu den negativ konnotierten Bezeichnungen Fehlgeburt und Totgeburt zunehmend von stillen Geburten und Schwangerschaftsverlusten gesprochen. Andere Probleme, etwa die gesellschaftliche Normierung von Verlustgefühlen, bestehen hingegen nach wie vor. Die Begründerin der Initiative Regenbogen „Glücklose Schwangerschaft" e.V. Barbara Künzer-Riebel schrieb 1989 von der zusätzlichen Schwierigkeit Betroffener, sich für die Trauer rechtfertigen zu müssen. Ein Beispiel sei, wenn einer Mutter nach einer Totgeburt im neunten Monat gesagt werde: „Ihr Kind hatte doch noch gar nicht richtig gelebt, Sie konnten doch gar keine richtige Beziehung zu ihm haben" (Lutz/Künzer-Riebel 1989: 4). 30 Jahre später beschreibt fast wortgleich Anette Kersting, Direktorin der Klinik und Poliklinik für Psychosomatische Medizin und Psychotherapie am Universitätsklinikum Leipzig, in einem Interview, sie „höre oft von betroffenen Frauen, dass sie sich nicht äußern wollen, weil sie Angst haben, auf Unverständnis zu stoßen. Sie werden mit Äußerungen konfrontiert, dass das ja gar nicht so schlimm sei, weil das Kind noch nicht gelebt habe oder dass sie ja noch so jung seien und noch ein Baby bekommen könnten" (Kahraman 2019). Die Trauerforschung zeigt, dass solche ‚nicht anerkannten Verluste', bei denen Betroffenen ihre Gefühle abgesprochen werden, schwerer zu bewältigen sind (Doka 2002, 2014). Ihre Trauer gilt als ‚übertrieben' und unangebracht und sie erhalten weniger Anteilnahme und Unterstützung (vgl. Böcker 2015).

3. Anerkennungsbewegung und die Änderung des Personenstandes für Fehlgeborene

Einige Initiativen versuchen die Situation von Betroffenen zu verbessern, indem sie sich dafür einsetzen, dass ‚Sternenkinder' als Kinder und Betroffene als Eltern gesehen, behandelt und gewürdigt werden. Sie zielen, zugespitzt gesagt, auf eine kulturelle ‚Vereindeutigung', dass auch Fehlgeborene verstorbene Kinder nun verwaister Eltern sind. Auch weil für Fehlgeburten eine eigene Sprache fehlt, ist die Rede von Tod und Kindsverlust ein wirksames Mittel, um gesellschaftliche Anerkennung zu erlangen (vgl. Kevin 2011, 2018). 2013 erreichte eine solche Initiative die Änderung des Personenstandrechtes für Fehlgeborene. Das Ehepaar Martin – das drei Kinder während oder kurz nach der Schwangerschaft verlor – hatte über den Petitionsausschuss des Bundestages eine Petition mit über 40.000 Unterschriften eingereicht (vgl. WDR5 2015). Ziel war es, einen zivilrechtlichen Status für fehlgeborene Föten zu schaffen. Eltern sollte es fortan möglich sein, sie beizusetzen und standesamtlich beurkunden zu lassen. Die Entscheidung zur Gesetzesänderung wurde einstimmig vom deutschen Bundestag verabschiedet. Der Paragraph 31 Lebendgeburt, Totgeburt, Fehlgeburt der Personenstandsverordnung lautet seitdem wie folgt:

> (1) Eine Lebendgeburt liegt vor, wenn bei einem Kind nach der Scheidung vom Mutterleib entweder das Herz geschlagen oder die Nabelschnur pulsiert oder die natürliche Lungenatmung eingesetzt hat.
> (2) Hat sich keines der in Absatz 1 genannten Merkmale des Lebens gezeigt, beträgt das Gewicht der Leibesfrucht jedoch mindestens 500 Gramm, gilt sie im Sinne des § 21 Abs. 2 des Gesetzes als ein tot geborenes Kind.
> (3) Hat sich keines der in Absatz 1 genannten Merkmale des Lebens gezeigt und beträgt das Gewicht der Leibesfrucht weniger als 500 Gramm, handelt es sich um eine Fehlgeburt. Sie wird in den Personenstandsregistern nicht beurkundet. Eine Fehlgeburt kann von einer Person, der bei Lebendgeburt die Personensorge zugestanden hätte, dem Standesamt, in dessen Zuständigkeitsbereich die Fehlgeburt erfolgte, angezeigt werden. In diesem Fall erteilt das Standesamt dem Anzeigenden auf Wunsch eine Bescheinigung mit einem Formular nach dem Muster der Anlage 13. (BMJV 2016)

Fehlgeborene können also nun, anders als vor der Novelle, standesamtlich eingetragen werden. Durch die Eintragung erhalten die nicht bestattungspflichtigen Leibesfrüchte symbolisch den Status einer menschlichen Person und eines Familienmitgliedes. Entsprechend schreibt das Bundes-Familien-Ministerium in einer Hintergrundmeldung zur Gesetzesänderung:

> Eltern von sogenannten Sternenkindern können seit dem 15. Mai 2013 die Geburt ihres Kindes beim Standesamt anzeigen und ihrem Kind damit offiziell eine Existenz geben. (BMFSFJ 2018)

Eltern können jetzt außerdem um die Herausgabe ihres Kindes bzw. des Schwangerschaftsgewebes bitten und eigenständig eine Bestattung veranlassen. Damit Betroffene das wissen, haben einige Bundesländer – Bestattung ist Ländersache – eine Hinweispflicht für behandelnde Einrichtungen aufgenommen. Wird keine individuelle Beisetzung durch die Eltern gewünscht, unterliegen die Kliniken der Pflicht, für eine – wie es heißt: „hygienisch einwandfreie und dem sittlichen Empfinden entsprechende Beseitigung“ (Weilert 2017: 289) zu sorgen. Die meisten Kliniken veranlassen heute in regelmäßigen Abständen Sammelurnenbestattungen der gesammelten Fehlgeborenen. Die Beisetzungen sind häufig von Trauerfeierlichkeiten der Klinik-Seelsorge begleitet, zu denen die Betroffenen eingeladen werden.

4. Antifeministische Anschlussfähigkeit der Gesetzesänderung?

Die Gesetzesänderung hat, so nun meine These, auch Folgen gezeitigt, die anschlussfähig sind für antifeministische Anliegen und Rhetorik. Zum einen lässt sich eine normative Tendenz zur Zuschreibung von Elternschaft für Fehlgeborene beobachten (4.1), die zurückwirkt auf Debatten um das Recht auf selbstbestimmte Schwangerschaftsabbrüche (4.2). Zum anderen reproduziert die standesamtliche Beurkundung der Fehlgeburt in ihrer derzeitigen Form eine symbolische Stärkung der heteronormativen Kernfamilie, die auf leiblicher Elternschaft basiert (4.3).

4.1. Bestattungshinweis für Eltern: Die Anerkennungserwartung Dritter

Im Zuge der Einführung des Bestattungsrechtes nach Fehlgeburten haben einige Bundesländer eine Hinweispflicht für behandelnde Kliniken eingeführt. Betroffene können entscheiden, ob sie das Fehlgeborene bzw. Gewebe der Klinik überlassen oder eigenständig eine Bestattung veranlassen. Sie dürfen das Fehlgeborene auch mit nach Hause nehmen und auch außerhalb institutionalisierter Grabstätten begraben, z.B. im eigenen Garten. In der Regel müssen die Betroffenen ein Formular unterschreiben und angeben, ob sie damit einverstanden sind, dass sie das Fehlgeborene der Sammelbestattung der Klinik überlassen. Einige Krankenhäuser kremieren, dann findet eine Urnenbeisetzung statt, bei anderen werden alle Fehlgeborenen in einen Sarg gelegt.

Wie (leicht) nach einer Fehlgeburt eine individuelle Beisetzung durch die Eltern umgesetzt wird, hängt nicht nur von der behandelnden Klinik, dem Bestattungsrecht des jeweiligen Bundeslandes sowie der lokalen Friedhofsordnung ab. Eltern müssen in der meist unerwarteten und akuten Situation auch wissen, ob und inwiefern sie eine Einzelbestattung für ihr Fehlgeborenes veranlassen möchten oder nicht. Sie sind in dieser Situation also besonders auf Deutungs- und Unterstützungsangebote angewiesen, die ihnen helfen, eine Entscheidung zu treffen und mit dem Erlebten umzugehen.

Im Folgenden zeige ich anhand zweier Beispiele, wie der neu eingeführte Bestattungshinweis Betroffene als Eltern adressiert und damit potenziell irritiert. Das erste Beispiel ist ein Auszug aus dem transkribierten O-Ton[3] eines Fernseh-Beitrages zur Tabuisierung von Fehlgeburten. Das Zitat eines betroffenen Paares veranschaulicht eindrücklich, dass es das Formular mit Bestattungshinweisen der behandelnden Praxis ist, das ihnen überhaupt erst die Deutung, Eltern eines Kindes zu sein, zur Verfügung stellt. Sie beschreiben

[3] In der Transkription sind besonders betonte Silben und Wörter kursiv gesetzt, runde Klammern zeigen eine kurze Sprechpause an, ggf. mit Angabe der Dauer in Sekunden.

den Moment kurz vor der Ausschabung, in dem sie entscheiden müssen, was mit dem ausgeschabten Gewebe passieren soll:

> Sie: „Und in *dem* Moment muss man dann halt, bei der Frauenärztin wird man gefragt, was dann mit dem Ausgeschabten *gemacht* werden soll. Und da isses, das war *uns* nicht klar, dass, es ist in Deutschland mittlerweile so, dass (.) *alles*, egal wie groß, also nicht ab 500 Gramm oder 12., 13. Woche, sondern alles (.) beerdigt werden muss, so. Und dass man sein Einverständnis geben muss, dass das gemacht wird, oder ob man es selber machen will, ähm, plus, ähm, es gibt eine Abschiedsfeier, der man beiwohnen (.) kann, wenn man möchte. Öhm, ja. Und dass man das *alles* in dem Moment entscheiden musste. Ob oder ob nicht. Und für mich war so krass, dass unter dem Formular halt stand: ‚Eltern des Kindes'. Und da war für mich zum ersten Mal klar: ach krass, ja, wir wären Eltern geworden."
>
> Er: „Ja, als es dann in diesem Moment dann das erste Mal hieß: ‚Eltern und Beerdigung und so', hab ich, glaub ich, gedacht (.) so: ‚jetzt haben wir das (.) sind wir gerade so auf dem Weg, das so relativ gut zu über*stehen* so, und jetzt kommt nochmal so'nen Hammer'. Also (.) also quasi wir habens gerade geschafft das so'n bisschen zu, ja, *ent*emotionalisieren so und das hat, klappt ganz gut (.) und dann kommt auf einmal *sowas* und einer sagt halt: ‚Kind' und: ‚Ihr seid Eltern' und: [sie: mmh] ‚es wird beerdigt' und auf einmal (3)." [schluckt, beginnt zu weinen]
>
> Sie [flüstert]: „Alles gut." [streicht über sein Gesicht]
> (WDR 2016)

Deutlich wird hier zum einen die emotionale Überforderung angesichts des für beide neuen Deutungsangebotes, Eltern zu sein, ein Kind verloren zu haben sowie der Information, dass es in jedem Fall bestattet wird („es wird beerdigt"). Andererseits zeigt die Passage, vor allem bei ihm, die Verärgerung über diese Kommunikation („es ... hieß", „einer sagt"), die einer Rationalisierung („entemotionalisieren") entgegenwirkt. Gleichzeitig lehnt das Paar diese Deutung nicht ab, vielmehr dokumentiert sich hier die zur Verfügung gestellte Deutung als eine zutreffende und schmerzhafte Offenbarung. Im zweiten Beispiel für die mitunter irritierende Zuschreibung von Elternschaft werden die externen Anerkennungsakte, die Deutung, ein Elter zu sein sowie die Bestattungspraxis, hingegen dezidiert abgelehnt. In einem Artikel des feministischen Blogs kleinerdrei.org berichtet die Autorin Simone Haas (2016) von ihrer ungeplanten Schwangerschaft. Anfänglich macht sie sich Sorgen und ist wütend, dann arrangiert sie sich mit der Schwangerschaft und nimmt die Rolle einer glücklich Schwangeren ein. Als ein Ultraschall ihre Fehlgeburt in der etwa 9. SSW offenbart, fühlt sie, nach dem ersten Schock, auch ‚Erleichterung'. Im folgenden Auszug thematisiert sie ein Gespräch in der Klinik, in der zuvor die Ausschabung durchgeführt wurde:

> Beim Abschlussgespräch bekomme ich das Gefühl, dass ich mich auch als Frau mit Fehlgeburt nicht der Norm entsprechend verhalte. Auf die Frage ‚Wann kann ich den Mutterpass wegwerfen?' bekomme ich einen unverständigen Blick mit dem Hinweis auf eine Broschüre, an der ich wohl kein Interesse hätte, wenn ich so etwas fragen würde. Wieso? Worum ging es denn? Ein Blick auf die Broschüre verriet meinen Fehler: In diesem Krankenhaus werden Fehlgeburten in einer Sammelbestattung beigesetzt und die trauernden – ‚wurdenden' – Eltern werden zur Beerdigung eingeladen. Spontan wird mir wieder kotzübel. Damit hatte ich nicht gerechnet. Am liebsten hätte ich die Menschen gefragt, ob sie noch alle Tassen im Schrank haben, das ‚Gewebe', von dem den ganzen Tag die Rede war, zu beerdigen. Aber mir ist klar, dass ich damit anderen [sic!] vor den Kopf stoßen würde, die sich anscheinend gut damit fühlen und ich will diesen Menschen meinen Respekt entgegenbringen. (Haas 2016)

Sichtbar werden hier zwei Irritationen der Autorin. Zum einen stört sie die Praxis der Bestattung selbst sowie die Zuschreibung, trauernde Mutter zu sein. Sie zieht keine Bestattung in Erwägung und grenzt sich von „diesen Menschen" ab, die „Gewebe" beerdigen.

Weder identifiziert sie sich mit der Community trauernder Eltern, noch bezieht sie sich auf das Fehlgeborene als ihr Kind. Zum anderen offenbart das Zitat die starken Gefühlsnormen (vgl. Hochschild 1990), denen Simone Haas in der Situation ausgesetzt ist. Das Klinikpersonal erwartet von ihr, dass sie trauert, und sanktioniert sie mit Blicken und Worten für ihr Vorhaben, den Mutterpass – ein Artefakt der Mutterschaft – wegzuwerfen. Ihr wird „kotzübel", und obwohl sie wütend ist, sagt sie nichts. Ihr Schweigen rechtfertigt sie mit ihrem Wunsch, Anderen und deren Gefühlen gegenüber respektvoll zu sein – gleichzeitig wird sie damit der „in diesem Krankenhaus" etablierten Trauernorm gerecht.

Beide Beispiele, die Irritation des Paares mit dem Formular sowie der Autorin mit der Broschüre, veranschaulichen eine um das Fehlgeborene und dessen Eltern zentrierte diskursive Anerkennungspraxis, die aus der neu eingeführten Pflicht hervorgegangen ist, Betroffene über Bestattungsmöglichkeiten zu informieren und entscheiden zu lassen. Der Entscheidungsprozess ist begleitet von Gefühlsnormen und (vergeschlechtlichten) Rollenerwartungen, v.a. an die ‚trauernde Mutter'. Der Hinweis auf Bestattungsmöglichkeiten ist somit Teil einer im Zuge der Personenstandsänderung institutionalisierten externen Anerkennungspraxis, die das Fehlgeborene als soziale Person mitunter auch ohne Zutun derjenigen anerkennt, die den Verlust leiblich erfahren haben.

4.2. Bestattung des Ungeborenen: Rhetorische Nähe zu Abtreibungsgegner*innen

Für antifeministische Anschlüsse im Zuge des Anerkennungswandels im Kontext reproduktiver Verluste gibt es weitere Indizien. So besteht z.B. eine (nicht nur) rhetorische Nähe zur Abtreibungsgegner*innenschaft, wenn konfessionelle Kliniken über die neuen Bestattungsmöglichkeiten informieren. Ein Beispiel für eine ‚pro-life'-Rhetorik liefert das St. Franziskus Hospital (o. J.) in Münster, das auf seiner Webseite auf die „Grabstätte für das ungeborene Leben" verweist, die „die Eltern bestärken [möchte], darauf zu vertrauen, dass die Allerkleinsten geborgen sind in ihrer Erinnerung, geborgen auch in der Liebe Gottes, der von Anfang an JA zu jedem Menschen sagt". Auch schränkt die rechtliche Regelung bei genauem Hinsehen das Selbstbestimmungsrecht von Frauen ein: In den meisten Bundesländern gilt das Bestattungsrecht auch „für aus einem Schwangerschaftsabbruch stammende Leibesfrüchte"; und da alle „Eltern" für sie eine Bestattung veranlassen können – und Ehemänner per Gesetz Väter der Kinder ihrer Ehefrauen sind –, können sie nach derzeitiger Rechtslage auch für die Leibesfrucht aus einem selbstbestimmten Schwangerschaftsabbruch eine Bestattung veranlassen – theoretisch unabhängig vom Willen ihrer Ehefrau. Einzig in Rheinland-Pfalz, und man beachte die anklagende Formulierung der Verbraucherinitiative Bestattungskultur Aeternitas e.V. (o. J.), „reicht bei einem Schwangerschaftsabbruch nicht der Wunsch des Vaters aus, die Mutter [sic!] muss der Bestattung zustimmen".

Ein solcher Fall ist meines Wissens noch nicht vorgekommen und im Gegensatz zur ‚Lebensschutzbewegung' gründet die hier beschriebene Anerkennungsbewegung nicht auf fundamentalistischen Ideologien (vgl. Notz 2019), sondern auf subjektiven Deutungen und Bedürfnissen. Aber die Bewegungen überschneiden sich, wenn das Engagement aus persönlicher Betroffenheit in Personalunion mit fundamentalistischem Aktivismus einhergeht. So schreibt z.B. eine ‚Aktivistin' auf ihrem Blog ‚sternenkind-info', ihr „persönlich" gehe es als Betroffene „um zwei Baustellen: Bestattung [...] und die Dokumention [sic!] am Standesamt" und:

> Vielen Mitgliedern der weltweit agierenden PRO life Lebensbewegung geht es um eine dritte Baustelle: sollen wir [sic!] - wie bisher - nur um das Überleben aller Kinder uns einsetzen, oder sollen und wollen wir uns auch mit dem Umgang nach deren Tod auseinandersetzen? (o. Herv. d. O.). (Sternenkind-Info 2017)

Konkrete Beispiele für den Missbrauch einer erlebten Fehlgeburt für fundamentalistische Ziele, stammen bislang aus den USA. So berichtet RTL (2020) von Sharran Sutherland aus Missouri, die Bilder ihres in der 14. SSW Fehlgeborenen auf Social Media postete. Der Boulevardsender veröffentlicht im entsprechenden Beitrag Fotos eines glasigen Füßchens und Händchens und ein Ultraschallbild und unterlegt diese mit folgendem Text:

> Sie fotografierte ihr Kind um zu zeigen, dass es bereits vollständig entwickelt war. Sharran möchte darauf aufmerksam machen, dass ein Baby schon in diesem Stadium der Schwangerschaft aussieht wie ein ausgewachsener Mensch. Mit ihrer Geschichte konnte sie so eine Freundin von einer Abtreibung abbringen. (RTL 2020 online)

Hier werden die Evidenz der eigenen Fehlgeburt und die gewachsene Legitimität, diese in sozialen Medien zu thematisieren und zu zeigen, genutzt, um Deutungsdominanz über die Erfahrungen Anderer zu erlangen und deren Selbstbestimmungsrecht einzuschränken. Eine mediale und rhetorische Inszenierung des ‚ungeborenen Lebens als vollwertiger Mensch', wie sie hier zitiert wird, unterstützt diesen, für antifeministische Haltungen hoch anschlussfähigen Diskurs.

4.3 Standesamtliche Bescheinigung der Fehlgeburt: Symbolische Stärkung der heteronormativen Kernfamilie

Schließlich offenbart das Dokument zur ‚Bescheinigung' der Fehlgeburt eine weitere antiliberale Implikation des Anerkennungswandels. Erfolgt beim zuständigen Standesamt die „Anzeige eines tot geborenen Kindes mit einem Geburtsgewicht unter 500 Gramm" (BMFSFJ 2018: o. S.), erhalten die Eltern eine Bescheinigung, die auf den ersten Blick aussieht wie eine Geburtsurkunde. Den Hintergrund des einseitigen Dokuments bildet, wie bei einer Geburtsurkunde, der Bundesadler in Grau. Titel des Dokuments ist ‚Bescheinigung nach §31 Absatz 3 der Personenstandsverordnung (PStV)', es folgen die Abschnitte ‚Kind', ‚Mutter' und ‚Vater'. Am unteren Ende gibt es eine Zeile für Stempel und Unterschrift der ‚Urkundsperson'. Insgesamt birgt die Bescheinigung wenig textlichen Inhalt, es gibt weder Fließtext noch Erläuterungen – hier braucht nichts erklärt zu werden. Als staatliches Dokument scheint die Bescheinigung offiziell den Personenstatus des fehlgeborenen Kindes zu beurkunden, dessen „Existenz" (ebd.) durch die Eintragung der Eltern nunmehr amtlich registriert und archiviert wird.

Auf den zweiten Blick offenbart die Bescheinigung allerdings die Verweigerung des Personenstatus sowie eine antiliberale Konstruktion. Die Bescheinigung ist eben ‚keine' Geburtsurkunde, das Sternenkind wird weder ins Personenstandsregister eingetragen noch zur Rechtsperson. Die erste Zeile unter der Überschrift ‚Kind' lautet dann auch: ‚vorgesehener Familienname' Der Zusatz ‚vorgesehen' markiert einen folgenreichen Unterschied, da dem Fehlgeborenen somit offiziell Name und Personenstatus ‚verweigert' werden. Der Staat bescheinigt hier die Existenz einer traditionellen Kernfamilie – ohne das Sternenkind tatsächlich als Person anzuerkennen. Die Betroffenen allerdings vollziehen, sofern sie nicht schon vorher Eltern waren, tatsächlich einen Statuswechsel: sie werden zu ‚Mutter' und ‚Vater' eines Sternenkindes.

Einerseits wirkt die Bescheinigung also, als erkenne der Staat Identitätsdiskurse an und werde individuellen Bedürfnissen, wie empfundener Elternschaft und der Anerkennung von (Verlust-)Erfahrungen, gerecht: Die Eintragung ist freiwillig, die Bescheinigung erhält nur, wer als Elter dieses Sternenkindes anerkannt werden möchte. Sie sieht und bestätigt somit Betroffene in ihrer gewünschten elterlichen Identität. Auch gibt es die Möglichkeit, bei Bedarf einen geschlechtsspezifischen Namen einzutragen, wenn noch kein biologisches Geschlecht festgestellt worden war.

Zugleich wird hier lediglich die Konstruktion einer heteronormativen Kernfamilie zugelassen, in der es Mutter und Vater für ein leibliches (Sternen-)Kind gibt. Für die Eintragung muss eine ärztliche Bescheinigung über die Fehlgeburt, z.B. der Mutterpass, vorgelegt werden; Sie ist also an den medizinischen Nachweis geknüpft. Zudem besteht keine Möglichkeit, andere Elternteile als Mutter und Vater einzutragen. Nicht heterosexuelle Ehepartner*innen können in Deutschland das Kind ihrer Partnerin erst nach der Geburt (genauer: Lebendgeburt) adoptieren, weshalb nur leibliche Mütter und deren Ehemänner als Väter überhaupt in der Bescheinigung genannt werden können. Durch diese Aufrufung der „familialen Triade“ (IfS 2018: o. S.) von Mutter, Vater und (Sternen-)Kind gewinnen Gesetzesänderung und Bescheinigung eine symbolische Wirkung, die nicht primär auf die Sichtbarkeit und Bewältigung von Verlusten zielt, sondern auf das Lob der Bemühungen um leibliche Reproduktion in der traditionellen Kernfamilie. Diese hier rekonstruierte staatliche Anerkennung einer Fehlgeburt als gescheiterte, aber wortwörtlich ‚vorgesehene‘ Familienform erscheint deshalb als antiliberale Konstruktion, die „heteronormativ gegen die Auspluralisierung [...] familialer Lebensformen und eine damit einhergehende Anerkennung derselben in ihrer Vielfalt“ (Lang/Peters 2018: 17) wirkt.[4]

4. Fazit

Im Beitrag argumentiere ich, dass die Implementierung der Gesetzesänderung 2013 eine diskursive Praxis etabliert hat, von Fehlgeburt Betroffene als Eltern zu verstehen und zu adressieren – mitunter auch ohne deren Zutun. Der Petition zur Gesetzesänderung lag das Anliegen zugrunde, Betroffenen in der akuten und ambivalenten Verlustsituation Deutungssicherheit und Anerkennung durch Dritte zu geben ‚und’ sie selbst darüber entscheiden zu lassen, was mit ihren Leibesfrüchten passieren soll. Allerdings wird diese Wahlfreiheit durch die Anrufungen der Elternschaft und entsprechender Bestattungserwartungen unterlaufen. Dieser Trend zu elterlicher Adressierung erfährt öffentlich kaum Kritik. Im Sinne eines egalisierenden ‚tut niemandem etwas‘ und ‚scheint Anderen zu helfen‘

[4] Damit ist sie vermutlich nicht heteronormativer als andere behördliche Praktiken familienbezogener Dokumentation. Schon seit seiner Entstehung Ende des 19. Jhd.s liegt dem Bürgerlichen Gesetzbuch ein Verständnis von Familie als biologischer Einheit und Wirtschaftsgemeinschaft in geschlechtlicher Arbeitsteilung zugrunde, das noch immer wirksam ist (vgl. Bock von Wülfingen 2020).

werden die Bestattungsangebote in der Regel nicht weiter hinterfragt. Der zitierte Blogbeitrag, in dem die Autorin sich über die implizite (Mutter-)Norm, um Fehlgeborene zu trauern, echauffiert, ist eine Ausnahme. Sie selbst stellt am Ende ihres Artikels einen Zusammenhang zwischen den ihr entgegen gebrachten Erwartungen und Normen und der Legitimität von Schwangerschaftsabbrüchen her (vgl. Haas 2016). Der argumentative Sprung ist kurz: Wenn um eine Fehlgeburt Trauernde als verwaiste Eltern adressiert und behandelt werden (sollen), sind schnell Personen nach selbstbestimmten Schwangerschaftsabbrüchen mitgemeint. Und dieser Diskurs – jede Schwangerschaft bedeutet menschliches Leben und ihr Verlust muss entsprechend betrauert werden, insbesondere von der Mutter – ist anschlussfähig für die Argumentation einer Bewegung, die unter ‚Lebensschutz' auch den Schutz der ‚natürlichen' Familie versteht, der deutschen Kleinfamilie, in der eine geschlechtliche Arbeitsteilung herrscht.

Inwieweit der Anerkennungswandel Potenziale birgt, feministischen Anliegen tatsächlich entgegen zu wirken, ist ein Forschungsdesiderat. Eine Analyse der Anerkennungsbewegung – ein Überblick über ihre Binnendifferenziertheit, relevante Akteure und Positionierungen sowie über inhaltliche und personelle Überschneidungen mit der sogenannten Lebensschutzbewegung – gäbe Aufschluss darüber, wieviel *anti*feministische Absicht dem Engagement innewohnt. Darüber hinaus besteht weiterer Forschungsbedarf bezüglich der konkreten Anerkennungspraxis seit der Änderung des Personenstandsrechts, insbesondere in den behandelnden Kliniken. Wem wird wofür welche Anerkennung verweigert oder (ungewollt) zuteil? Wie ist der Umgang bei Verlusten in nicht heteronormativen, in ‚nicht vorgesehenen' Reproduktions- und Familienkonstellationen, etwa von Co-Eltern, Leihmüttern oder Trans*Männern? Welchen Einfluss der skizzierte Wandel des Umgangs mit reproduktiven Verlusten auf (wessen) Selbstbestimmungsrechte nimmt, ist eine empirisch unbeantwortete Frage, die wir in den Blick nehmen sollten.

Literatur

Aeternitas Verbraucherinitiative Bestattungskultur e.V. (o. J.): Sternenkinder – Rechtliches [Link: https://www.aeternitas.de/inhalt/kind_tod_trauer/sternenkinder/sternenkinder_rechtliches/index_html; 15.03.2020].

BMFSFJ (Bundesministerium für Familie, Senioren, Frauen und Jugend) (2018): Hintergrundmeldung Sternenkinder, 01.06.2018 [Link: https://www.bmfsfj.de/bmfsfj/themen/familie/sternenkinder-75368; 15.03.2020].

BMJV (Bundesministerium der Justiz und für Verbraucherschutz) (2016): Verordnung zur Ausführung des Personenstandsgesetzes (Personenstandsverordnung - PStV). § 31 Lebendgeburt, Totgeburt, Fehlgeburt. [Link: https://www.gesetze-im-internet.de/pstv/__31.html; 15.03.2020].

Bock von Wülfingen, Bettina (2020): Die Familie unter dem Mikroskop. Das Bürgerliche Gesetzbuch und die Eizelle – eine symbiotische Beziehung, 1870–1900. Berlin.

Böcker, Julia (2015): Kein Tod ohne Leben. Zu Krisen des Trauerns nach Fehl- und Totgeburt. In: Endreß, Martin (Hrsg.): Routinen der Krise – Krise der Routinen. Verhandlungen des 37. Kongresses der DGS in Trier. [Link: http://publikationen.soziologie.de/index.php/kongressband_2014/article/view/158; 15.03.2020].

Böcker, Julia (2016): Frühe Tode. Verräumlichungen der Trauer um Ungeborene. In: Benkel, Thorsten (Hrsg.): Die Zukunft des Todes. Bielefeld, 317-338.

Böcker, Julia (2020): Fehlgeburt und Stillgeburt. Eine Kultursoziologie der Verlusterfahrung. An der Leuphana Universität Lüneburg eingereichte, unveröffentliche Dissertationsschrift.

Cacciatore, Joanne/Bushfield, Suzanne (2008). "Stillbirth: A Sociopolitical Issue", *Affilia: Journal of Women and Social Work* 23(4): 378-387.

Doka, Kenneth J. (Hrsg.) (2002): Disenfranchised grief. Champaign.

Doka, Kenneth J. (2014): *Entrechtete Trauer*. In: Bürgi, Dorothee/Metz, Christian (Hrsg.): Leid im Abseits – Aberkannte und nicht gesehene Trauer. *Leidfaden* 3(3): 4-8.

Endreß, Martin (2010): Unvorhergesehene Effekte – altes Thema, neue Probleme? In: Albert, Gert/Greshoff, Rainer/ Schützeichel, Rainer (Hrsg.): Dimensionen und Konzeptionen von Sozialität. Wiesbaden, 13-32.

Frost, Julia/Bradley, Harriet/Levitas, Ruth/Smith, Lindsay/Garcia, Jo (2007): "The Loss of Possibility. Scientisation of Death and the Special Case of Early Miscarriage", *Sociology of Health & Illness* 29(7): 1003-1022.

Haas, Simone (2016): Ich hatte einen Parasiten und mich darüber gefreut, 24.03.2016
[Link: http://kleinerdrei.org/2016/03/ich-hatte-einen-parasiten-und-mich-darueber-gefreut/; 15.03.2020].

Hochschild, Arlie R. (1990): Das gekaufte Herz. Zur Kommerzialisierung der Gefühle. Frankfurt/Main.

IfS (Institut für Sozialforschung, Frankfurt am Main) (Hrsg.) (2018): WestEnd 2/2018: Sozialisation und familiale Triade. Frankfurt/Main.

Kahraman, Hatice (2019): Stigma Fehlgeburt: „Mir wurden meine Gefühle abgesprochen", 17.12.2019
[Link: https://www.bento.de/politik/fehlgeburt-mir-wurden-meine-gefuehle-abgesprochen-a-9b4589a8-0eca-468f-b82b-994dc9bbd137; 15.03.2020].

Kevin, Catherine (2011): „'I did not lose my baby... My baby just died': Twenty-First-Century Discourses of Miscarriage in Political and Historical Context", South Atlantic Quarterly 110 (4): 849-865.

Kevin, Catherine (2018). "Defining the edge of legal personhood: A history of recent campaigns for recognition of pregnancy loss in two Australian states", *Women's Studies International Forum* 69: 135-142.

Kuberska, Karolina/Turner, Sarah (2019). "The presence of absence: Tensions and frictions of pregnancy losses – An introduction", *Women's Studies International Forum* 74: 91-93.

Lang, Juliane/Peters, Ulrich (2018): Antifeminismus in Deutschland. Einführung und Einordnung des Phänomens. In: (dies.) (Hrsg.): Antifeminismus in Bewegung. Aktuelle Debatten um Geschlecht und sexuelle Vielfalt. Hamburg, 13-33.

Layne, Linda L. (2003): Motherhood Lost: A Feminist Account of Pregnancy Loss in America. New York.

Limbo, Rana (2012). "Caring for Families Experiencing Stillbirth: A Unified Position Statement on Contact with the Baby", *Illness, Crisis, & Loss* 20 (3): 295-298.

Lutz, Gottfried/Künzer-Riebel, Barbara (Hrsg.) (1989): Nur ein Hauch von Leben. Eltern berichten vom Tod ihres Babys und von der Zeit ihrer Trauer. Lahr.

Notz, Gisela (2019): Der Antifeminismus der selbsternannten ‚Lebensschützer'. In: Näser-Lather, Marion/Oldemeier, Anna Lena/Beck, Dorothee (Hrsg.): Backlash?! Antifeminismus in Wissenschaft, Politik und Gesellschaft. Roßdorf, 235-258.

RTL (2020): Nach Fehlgeburt: Mutter zeigt Fotos von Baby, um zu zeigen, dass es kein „medizinischer Abfall" ist, 31.01.2020 [Link: https://www.rtl.de/cms/nach-fehlgeburt-mutter-zeigt-fotos-von-baby-um-zu-zeigen-dass-es-kein-medizinischer-abfall-ist-4245125.html; 15.03.2020].

Sternenkind-Info (2017) 17.05.2017 [Link: https://sternenkind-info.jimdofree.com/2017/05/17/menschsein-am-standesamt-deutschland-%C3%B6sterreich/; 15.03.2020].

St. Franziskus Hospital Münster (o. J.): Grabstätte für das ungeborene Leben – Geborgen im Erinnern [Link: https://www.sfh-muenster.de/patienten-besucher/seelsorge/grabstaette-fuer-das-ungeborene-leben/; 15.03.2020].

WDR5 (2015): RedeZeit im WDR Sendung vom 15.04.2015 (Radiobeitrag). [Link: https://jltfpw.jimdofree.com/videos-musik-radiobeitrag-und-fernsehen/verlinkt, 12.02.20].

WDR (2016): Plötzlich nicht mehr schwanger. Frau tv. (Fernsehbeitrag). [Link: https://www.youtube.com/watch?v=1pwv98PnB80; 13.06.2020].

Weilert, A. Katarina (2017). „Der rechtliche Rahmen für den Umgang mit Fehl- und Totgeburten", *Medizinrecht* 27: 286-294.

Autor*innen & Herausgeberinnen

Julia Böcker, M.A., ist wissenschaftliche Mitarbeiterin am Institut für Soziologie und Kulturorganisation an der Leuphana Universität Lüneburg. Sie promoviert zum gesellschaftlichen Umgang mit Fehlgeburt und Totgeburt. Ihre Forschungsschwerpunkte sind Kultur- und Wissenssoziologie, Körper, Emotionen und Gesellschaft sowie qualitative Methoden. Julia Böcker ist u.a. Mitglied des Netzwerks Empirische Kultursoziologie.

Andreas Eylert-Schwarz ist Diplom-Sozialarbeiter/Sozialpädagoge und als wissenschaftlicher Mitarbeiter und Doktorand am Institut für Sozialarbeit/Sozialpädagogik der Leuphana Universität Lüneburg tätig. Er promoviert zu Geschlechterfragen in Aus- und Weiterbildung der Sozialen Arbeit. Forschungsschwerpunkte sind darüber hinaus Bildungsforschung, Partizipation und Kooperation zwischen Fachkräften der Sozialen Arbeit, Kindern und Eltern.

Caja Fischer, studiert Kulturwissenschaften an der Leuphana Universität Lüneburg mit den Schwerpunkten Digitale Medien, Kritische Theorie und Feminismus. Von 2016 bis 2019 arbeitete sie für das tunesisch-deutsche Forschungsprojekt „Transformation – Kultur – Geschlecht". Derzeit schreibt sie ihre Bachelorarbeit zu Diskursen über sexualisierte Gewalt.

Karin Fischer, M.A. ist Kulturwissenschaftlerin und die Koordinatorin des Netzwerkes Geschlechter- und Diversitätsforschung an der Leuphana Universität Lüneburg. Sie ist Initiatorin und Organisatorin der regelmäßigen Kurzvortragsreihe ‚10 Minuten – die den Unterschied machen', die darauf zielt, Impulse aus der Geschlechter- und Diversitätsforschung einer interessierten Öffentlichkeit zugänglich zu machen.

Daniela Gottschlich, Dr.in, ist Politikwissenschaftlerin, hat zu Nachhaltigkeit aus kritisch-emanzipatorischer Perspektive promoviert und arbeitet für diversu e.V. – Institut für Diversity, Natur, Gender und Nachhaltigkeit in Lüneburg. Ihre Forschungsschwerpunkte sind Politische Ökologie, Feministische Ökonomik/ Care, Demokratisierung gesellschaftlicher Naturverhältnisse sowie Rechtsextremismus und Ökologie.

Steffi Hobuß, Dr.in phil., ist Philosophin und Akademische Leiterin des Leuphana College. Von 2016 bis 2019 war sie Leiterin des interkulturellen und interdisziplinären tunesisch-deutschen Forschungsprojekts ‚Transformation – Kultur – Geschlecht'. Zur Zeit (2019-2022) leitet sie das Projekt ‚Rhetorik, Argumentation und Debattenkultur' am Leuphana College. Ihre Forschungsschwerpunkte sind Sprach- und Sozialphilosophie, Interkulturelle Philosophie, Wahrnehmungstheorie, Memory Studies, Philosophie der Geschlechterkonstruktion.

Katharina Kapitza, M. Sc., ist Umwelt- und Nachhaltigkeitswissenschaftlerin und Doktorandin an der Fakultät Nachhaltigkeit der Leuphana Universität Lüneburg. Sie promoviert zur Konstruktion ‚fremder' Natur/en in Gebieten ‚neuer Wildnis'. Ihre Forschungsschwerpunkte sind Soziale Ökologie, Geschlechterforschung, Neobiota, Naturschutz und Rechtsextremismus.

Christine Katz, Dr.in, ist Nachhaltigkeitswissenschaftlerin und 1. Vorsitzende von diversu e.V., Institut für Diversity, Natur, Gender und Nachhaltigkeit. Ihre Arbeitsschwerpunkte sind Naturgestaltung und Geschlechterverhältnisse, Interkulturalität und Naturpraktiken, genderorientierte Nachhaltigkeitsforschung, Natur und Intersektionalität, Kommunikation/Bildung und Klimafolgen, Diversity-Kompetenzen, feministische Nachhaltigkeitspolitik.

Mariza Leuchtmann, M.Ed., hat den Masterstudiengang „Lehramt an Haupt- und Realschulen" an der Leuphana Universität Lüneburg abgeschlossen und ist angehende Referendarin. Sie hat bis Juli 2020 als wissenschaftliche Hilfskraft am Institut für Sozialarbeit und Sozialpädagogik (IFSP) im Projekt KomPädenZ-Potenzial gearbeitet.

Ann-Kathrin Mader, M.A., ist Kulturwissenschaftlerin und promoviert zu schwangeren Körpern und heteronormativer Hegemonie, gefördert durch ein Stipendium der Friedrich-Ebert-Stiftung. Sie ist Lehrbeauftragte an der Leuphana Universität Lüneburg zu Gender und Queer Studies. Ihre Forschungsinteressen sind Mutterschaftsideale zwischen Naturalisierung und neoliberaler Selbstoptimierung; intersektionale Perspektiven auf (pop)kulturelle Phänomene sowie Stereotype in Kinder- und Jugendliteratur.

Johanna Sigl, Dr.in, ist wissenschaftliche Mitarbeiterin an der Leuphana Universität Lüneburg am Institut für Sozialarbeit und Sozialpädagogik. Als geschlechterreflektierte Rechtsextremismusforscherin arbeitet sie wissenschaftlich wie auch als politische Bildnerin zu Antifeminismus. Johanna Sigl ist Teil des Netzwerks Geschlechter- und Diversitätsforschung der Leuphana Universität Lüneburg und des Forschungsnetzwerks Frauen und Rechtsextremismus.

Anhang

Öffentliche Vortragsreihe ‚Antifeminismus, Antigenderismus? Anti – was…?' im Rahmen der ‚10 Minuten – die den Unterschied machen' durch das Netzwerk Geschlechter- und Diversitätsforschung an der Leuphana Universität Lüneburg im Wintersemester 2019/20:

I. BEGRIFFE: DISKURSIVE BEGRIFFSANNÄHERUNGEN

23.10.2019
Johanna Sigl: Wie viel Rechtsextremismus steckt im Antifeminismus?

30.10.2019
Hannes Leuschner: Rechte Wortnahme – linke Wortgabe? Von Antigenderismus, Ethnopluralismus und Islamkritik

06.11.2019
Carolin Schuster: Sind wir linksliberal voreingenommen? Eine Selbstkritik, Verteidigung und Vision

II. ANGRIFFE: ANFEINDUNGEN (VON RECHTS) GEGEN GESCHLECHTER-/ DIVERSITÄTSFORSCHUNG UND GLEICHSTELLUNGSARBEIT

13.11.2019
Steffi Hobuß: Vorwürfe gegen geschlechtergerechte Sprache als „Sprachpolizei" oder „political correctness"

20.11.2019
Kathrin van Riesen: Kleine Anfragen und ihre Wirkungen – Antifeminismus auf dem Vormarsch

27.11.2019
Andreas Eylert-Schwarz: „Gender mich nicht“ – über das falsche Spiel von rechts außen

III. EINGRIFFE: THEMATISCHE BEZÜGE IN GESCHICHTE, KULTUR UND NATUR

04.12.2019
Katharina Kapitza: Neobiota und Neue Rechte? Geschlechterperspektiven auf die Konstruktion „biologischer Invasionen“ im Naturschutz

11.12.2019
Lina Bartsch: „radikal und feminin“ – Rechte Aneignung feministischer Positionen

18.12.2019
Hannah-Deborah Gramentz: Rechte Gewalt, Prävention und Geschlecht

08.01.2020
Ann-Kathrin Mader: Die „gute Mutter“ zwischen neoliberaler Selbstoptimierung und Retraditionalisierung von rechts

15.01.2020
Daniela Gottschlich: Rechte Landnahme: Ökologie und Rechtsextremismus

22.01.2020
Julia Böcker: Schwangerschaftsverlust und Antifeminismus

Das ist Alma Marta!

Alma Marta ist ein 2020 neu gegründeter wissenschaftlicher Fachverlag im deutschsprachigen Raum mit Hauptsitz in Hamburg. Die Schwerpunkte unseres Programms liegen in den Gender & Queer Studies, den Geschichts-, aber auch in den Kultur-, Medien- und Sozialwissenschaften.

Unsere verlegerische Zielgruppe sind Studienabsolvent:innen, Doktorand:innen, Promovend:innen, Institutionen und Netzwerke.

Wir verlegen deutschsprachige und englischsprachige Publikationen mit einem engen inhaltlichen Bezug zu unserem Programm und einer überzeugenden wissenschaftlichen Qualität.

Wir kalkulieren jede Publikation individuell. Alma Marta ist erfahrungsgemäss eine kostengünstige Alternative zu anderen Wissenschaftsverlagen. Probieren Sie es aus!

Was uns **besonders auszeichnet**:

Sie können Ihre **VG-Wort-Tantiemen** behalten und müssen diese nicht an uns als Verlag abtreten.

Sie müssen **keine Fest- oder Mindestabnahmen** von Exemplaren vornehmen.

Wir gewähren Ihnen als Autor*in, Herausgeber*in oder Beitragende **großzügige Rabatte** bei Direktbestellungen für alle Publikationen von Alma Marta und unserem Kooperationsverlag Marta Press.

Wir zahlen Ihnen ab dem ersten verkauften Buch und der ersten Auflage die **Verkaufserlöse** im jeweiligen Folgejahr zu **guten Konditionen** aus.

Sie haben Interesse an einer Veröffentlichung im Verlag Alma Marta?
Wir freuen uns, Ihre Studienabschlussarbeit, Dissertation, Habilitationsschrift, Monographie oder Ihren Sammelband entgegenzunehmen. Gerne können Sie uns das ganze Manuskript (Arbeitsfassung) oder - falls dies noch nicht vorliegt - ein Projektprofil / Expose zusenden: **alma-marta@gmx.de**

Alma Marta, Imhof & Reich GbR, Hofweide 14, 21031 Hamburg

Björn Klein

Die Wirkung von Internet-Pornografie auf Kinder und Jugendliche

Wirkungstheorien, empirische Studien und pädagogische Konzeptualisierungen auf dem Prüfstand

2021 | 136 Seiten | 15,00 € (D)
ISBN: 978-3-948731-03-8

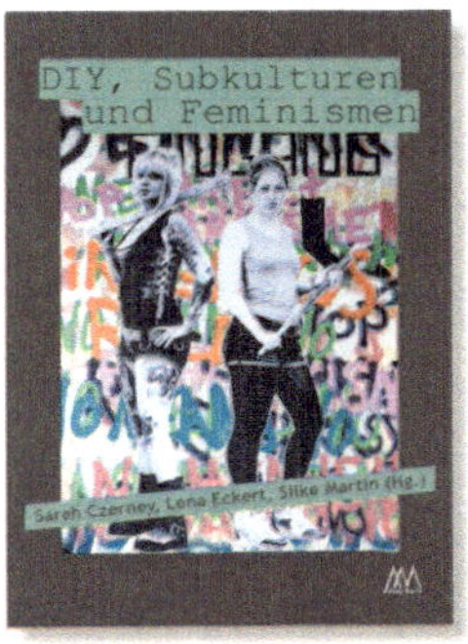

Sarah Czerney, Lena Eckert, Silke Matin (Hg.)

DIY, Subkulturen und Feminismen

2021 | 244 Seiten | 22,00 € (D)
ISBN: 978-3-948731-01-4

Heidrun Kallies, Farin Rezai

Lasst uns die Welt erfinden

Migration und Interkulturalität in Systemischer Beratung

2020 | 116 Seiten | 16,00 € (D)
ISBN: 978-3-948731-00-7

www.alma-marta.de Alma Marta